# 7 passos para o sucesso na importação

Kleber Fontes

# 7 passos para o sucesso na importação
## O manual para ser bem-sucedido no comércio exterior

Copyright © 2017 Kleber Fontes
Todos os direitos desta edição reservados à Editora Labrador.

*Coordenação editorial*
Diana Szylit

*Capa*
Eldes Saullo e Antonio Kehl

*Diagramação*
Antonio Kehl

*Ilustrações*
Kleiton Fontes

*Preparação*
Gabrielle Souza

*Revisão*
Vitória Lima

Dados Internacionais de Catalogação na Publicação (CIP)
Andreia de Almeida CRB-8/7889

Fontes, Kleber
7 passos para o sucesso na importação : o manual para ser bem-sucedido no comércio exterior / Kleber Fontes. 1. ed., 1ª reimpressão. — São Paulo : Labrador, 2018.
188 p.

ISBN 978-85-93058-44-8

1. Importação 2. Comercio exterior I. Título.

17-1263 CDD 382

Índice para catálogo sistemático:
1. Comércio internacional

Editora Labrador
Diretor editorial: Daniel Pinsky
Rua Dr. José Elias, 520 – Alto da Lapa
05083-030 – São Paulo – SP
Telefone: +55 (11) 3641-7446
contato@editoralabrador.com.br
www.editoralabrador.com.br

A reprodução de qualquer parte desta obra é ilegal e configura uma apropriação indevida dos direitos intelectuais e patrimoniais do autor.

# Sumário

DEDICATÓRIA ........................................................................... 11
PREFÁCIO ................................................................................. 13
APRESENTAÇÃO ....................................................................... 17
1° PASSO – COMECE DO REAL COMEÇO ................................... 19
  1. Plano de negócios ............................................................. 19
     1.1. O produto ................................................................... 22
       1.1.1. Revenda ............................................................... 22
         1.1.1.1. Atacado ......................................................... 22
         1.1.1.2. Varejo ........................................................... 23
       1.1.2. Uso próprio ........................................................... 23
         1.1.2.1. Matéria-prima ............................................... 23
         1.1.2.2. Máquinas e equipamentos ........................... 23
     1.2. Embalagem, etiquetas e rótulos ............................... 24
       1.2.1. Códigos de barras ............................................... 27
     1.3. Registro de marcas .................................................... 28
     1.4. Patentes ..................................................................... 29
     1.5. Código de Defesa do Consumidor ........................... 29
       1.5.1. Garantia no mercado interno .............................. 30
     1.6. Constituição da empresa, aquisição ou adequação ... 31
       1.6.1. Sociedades empresariais ................................... 31
         1.6.1.1. Limitada ........................................................ 31
         1.6.1.2. Sociedade Anônima .................................... 32
         1.6.1.3. Eireli ............................................................. 32
       1.6.2. Administrador ...................................................... 33
       1.6.3. Capital integralizado ........................................... 34
       1.6.4. Atividades da empresa ....................................... 34
       1.6.5. Endereço comercial ............................................ 35

2º PASSO – SIGA OS NÚMEROS ..................................................... 37
2. Planejamento tributário ............................................................... 37
   2.1. Regimes de tributação .......................................................... 37
      2.1.1. Simples Nacional ........................................................... 38
      2.1.2. Lucro Presumido ........................................................... 38
      2.1.3. Lucro Real ..................................................................... 39
   2.2. Classificação fiscal ................................................................ 41
      2.2.1. Destaque da NCM ......................................................... 42
      2.2.2. NVE ............................................................................... 43
   2.3. Tributação na importação ..................................................... 43
      2.3.1. Imposto de importação (II) ............................................ 44
      2.3.2. Imposto sobre Produtos Industrializados (IPI) ............. 45
      2.3.3. PIS-importação e Cofins-Importação ........................... 45
      2.3.4. ICMS .............................................................................. 45
   2.4. Taxa Siscomex ....................................................................... 46
   2.5. AFRMM ................................................................................. 47
   2.6. Radar-Siscomex .................................................................... 47
      2.6.1. Expressa ........................................................................ 47
      2.6.2. Limitada ........................................................................ 48
      2.6.3. Ilimitada ........................................................................ 49
   2.7. Revisão de estimativa ........................................................... 51
   2.8. Certificação Digital ............................................................... 52
      2.8.1. Certificado Digital e-CPF .............................................. 52
      2.8.2. Certificado Digital e-CNPJ ........................................... 53
   2.9. Modalidades de importação .................................................. 53
      2.9.1. Importação simplificada ................................................ 53
         2.9.1.1. Amostras ................................................................. 54
      2.9.2. Importação direta .......................................................... 56
      2.9.3. Importação por conta e ordem ...................................... 58
      2.9.4. Importação por encomenda ........................................... 60
   2.10. Interposição fraudulenta ..................................................... 62
   2.11. Subfaturamento ................................................................... 63

3º PASSO – CONHEÇA SEUS FORNECEDORES ................................... 65
3. Relacionamentos interpessoais ................................................... 65
   3.1. Negociação internacional ..................................................... 65

3.1.1. Negociando por e-mail.............................................. 66
3.1.2. Negociando pessoalmente........................................ 68
3.2. Desenvolvimento de fornecedor....................................... 70
3.2.1. Uso da internet......................................................... 70
3.2.2. Feiras internacionais no Brasil................................ 70
3.2.3. Feiras internacionais no exterior............................. 71
3.2.4. Missões de empresas estrangeiras........................... 73
3.2.5. Assessorias especializadas....................................... 73
3.2.6. *Tradings* estrangeiras no Brasil............................... 74
3.2.7. *Traders*..................................................................... 74
3.3. Auditoria de fornecedor/exportador................................ 75
3.4. Garantia do exportador/fabricante.................................. 76

4° PASSO – SE ENVOLVA COM A OPERAÇÃO.................. 79
4. Profissional interno............................................................. 79
4.1. Incoterm (condição de venda internacional)................. 80
4.1.1. Grupo "E"................................................................ 80
4.1.2. Grupo "F"................................................................ 81
4.1.3. Grupo "C"................................................................ 81
4.1.4. Grupo "D"................................................................ 82
4.2. Seguro internacional......................................................... 84
4.3. Pagamento ao exterior..................................................... 86
4.3.1. Câmbio flutuante..................................................... 87
4.3.2. Modalidades de câmbio.......................................... 87
4.3.2.1. Antecipado................................................. 87
4.3.2.2. À vista........................................................ 88
4.3.2.3. A prazo....................................................... 88
4.3.2.4. Sem cobertura cambial............................. 89
4.3.3. SWIFT...................................................................... 90
4.3.4. Detalhes sobre câmbio e controle.......................... 90
4.4. Modais de transportes...................................................... 93
4.4.1. Modal marítimo....................................................... 93
4.4.2. Modal rodoviário..................................................... 94
4.4.3. Modal aéreo.............................................................. 94
4.5. Cotação de frete internacional........................................ 95
4.5.1. Marítimo................................................................... 95

4.5.2. Aéreo ........................................................................... 98
4.5.3. Rodoviário ................................................................ 100
4.6. Frete rodoviário nacional ................................................ 101
4.6.1. DI (carga nacionalizada) ........................................ 101
4.6.2. DTA (carga não nacionalizada) .............................. 102
4.7. Pedido de compra ........................................................... 103
4.8. Inspeção pré-embarque ................................................... 104
4.9. *Booking* ........................................................................... 105
4.10. Envio dos documentos originais da importação ........... 106
4.11. Despacho aduaneiro ...................................................... 109
4.11.1. Zona primária ........................................................ 110
4.11.2. Zona secundária .................................................... 110
4.11.3. Licenciamento de Importação ............................... 110
4.11.4. Declaração de Importação ..................................... 111
4.11.5. Canal de parametrização ....................................... 114
4.11.5.1. Análise fiscal ............................................ 114
4.11.5.2. Canal verde ............................................... 114
4.11.5.3. Canal amarelo ........................................... 115
4.11.5.4. Canal vermelho ......................................... 115
4.11.5.5. Canal cinza ................................................ 116
4.12. Desembaraço aduaneiro ................................................ 117
4.12.1. Comprovante de Importação ................................. 117
4.13. Fumigação ..................................................................... 118
4.13.1. Vistoria na embalagem de madeira ....................... 118
4.14. Nota fiscal de entrada ................................................... 120
4.14.1. CFOP ..................................................................... 122
4.15. Software de gestão empresarial .................................... 122

5° PASSO – CONCENTRE-SE NA SUA OPERAÇÃO ................... 125
5. Documentação e legislação ................................................ 125
5.1. Regulamento aduaneiro ................................................. 125
5.2. Conhecimento de embarque aéreo ................................. 126
5.2.1. AWB ....................................................................... 126
5.2.2. MAWB .................................................................... 126
5.2.3. HAWB ..................................................................... 127
5.3. Conhecimento de embarque marítimo ........................... 129

5.3.1. BL ............................................................... 129
5.3.2. MBL ............................................................ 129
5.3.3. HBL ............................................................ 129
5.4. Conhecimento de embarque rodoviário ................. 131
5.4.1. CRT ............................................................. 131
5.4.2. MIC/DTA ..................................................... 132
5.5. Fatura proforma ..................................................... 133
5.6. Fatura comercial .................................................... 135
5.7. Romaneio de carga ................................................ 137
5.8. Certificado de Origem ........................................... 139
5.9. Contrato de câmbio ............................................... 141
5.10. Certificado Sanitário e Fitossanitário .................. 141
5.11. Certificado de Seguro Internacional ................... 141
5.12. Certificado de Fumigação .................................... 142
5.13. Certificado de Qualidade ..................................... 142
5.14. Declaração de Exportação Estrangeira ............... 143
5.15. Sistemas públicos brasileiros .............................. 144
5.15.1. Siscomex .................................................... 144
5.15.2. Vicomex ..................................................... 145
5.15.3. e-CAC ........................................................ 146
5.15.4. Mantra ....................................................... 146
5.15.5. Marinha Mercante e Siscarga .................... 147
5.16. Órgãos anuentes .................................................. 149
5.16.1. MAPA ........................................................ 150
5.16.2. Anvisa ....................................................... 151
5.16.3. Decex ........................................................ 152
5.16.4. Inmetro ..................................................... 153

6° PASSO – CALCULE, MAS ARRISQUE ........................ 155
6. Financeiro ................................................................ 155
6.1. Capital de giro ...................................................... 157
6.2. Cronograma de compras internacionais ............... 158
6.3. Estoque ................................................................. 160
6.3.1. Estoque mínimo ......................................... 161
6.3.2. Estoque em trânsito ................................... 161
6.3.3. Estoque consignado ................................... 161

6.3.4. Estoque sazonal ............................................................. 161
6.4. Incentivos e benefícios fiscais .......................................... 162
 6.4.1. Ex-tarifário ............................................................ 162
 6.4.2. Incentivo fiscal regional ........................................ 162
 6.4.3. *Drawback* ............................................................. 163
6.5. Instituições financeiras .................................................... 163
 6.5.1. Bancos .................................................................... 164
 6.5.2. Corretoras de câmbio ............................................. 164
6.6. Outras modalidades de pagamento ao exterior ............... 164
 6.6.1. Carta de crédito ...................................................... 165
 6.6.2. Financiamento de importação ............................... 166

7° PASSO – CONHEÇA SEUS PARCEIROS .................................. 169
7. Prestadores de serviço ........................................................ 169
 7.1. Contabilidade .......................................................... 170
 7.2. Despachante aduaneiro ........................................... 171
  7.2.1. Escopo do cliente ............................................. 172
  7.2.2. *Follow-up* ........................................................ 173
  7.2.3. Numerário ......................................................... 173
  7.2.4. Fechamento ...................................................... 174
 7.3. Agentes de cargas .................................................... 174
 7.4. Terminais de cargas ................................................. 176
 7.5. Transportadoras ....................................................... 177

CONSIDERAÇÕES FINAIS ........................................................ 179

GLOSSÁRIO .............................................................................. 181

REFERÊNCIAS .......................................................................... 185

# Dedicatória

Aos meus amigos, meus sócios Paulo e Thiago, que me deram a oportunidade de ingressar neste ramo e todo o suporte para eu chegar até aqui.

Às minhas inspirações, meus irmãos Kleiton e Fernando, que a cada dia me motivam a ser uma pessoa melhor.

À minha base, meus pais Cariolando e Maria José, que me deram toda a garra e vontade de vencer.

Em especial, à minha esposa, Francine, pelo apoio, compreensão, incentivo e parceria nos momentos em que mais precisei. Te amo para sempre, minha pérola.

# Prefácio

Os produtos mais fantásticos do mundo ainda não foram inventados, mas já existem ideias incríveis que simplesmente não foram trazidas para o nosso território de linhas fronteiriças imaginárias chamado país.

Existem desafios enfrentados no dia a dia daqueles que trabalham na indústria, comércio e serviços que podem ser diminuídos ou simplesmente encerrados quando se conhecem as novidades criadas pelas mentes mais brilhantes do nosso planeta. Igualmente, existem custos que podem ser reduzidos a ponto de devolver a competitividade de um produto ou retomar a lucratividade de uma empresa. Tudo isso pode ser acessado no mundo do comércio exterior.

Essas são algumas das constatações que motivam milhares de empreendedores brasileiros a buscar, mundo afora, aquilo que falta no país para trazer algo inovador, melhor ou mais barato – às vezes, esses fatores se combinam. E tudo isso é possível em razão de o Brasil ter uma economia de mercado que permite acesso e está aberto ao comércio internacional.

Aberto ao comércio internacional? Sim, mas nem tanto.

O Brasil é uma economia de mercado com reservas e barreiras tangíveis e intangíveis, reais e não ditas, que se criam e são mantidas em razão do falacioso conflito entre a liberdade de comércio e a proteção do mercado nacional.

Sob pretexto, necessidade ou desculpa de resguardar os interesses brasileiros, o controle sobre todas as importações ocorre dentro da Receita Federal do Brasil, do Banco Central e do Departamento de Operações de Comércio Exterior. Os produtos envolvidos são igualmente controlados, pela Anvisa, MAPA e Inmetro.

Esses órgãos e entes fiscalizadores criam diferentes sistemas de controle e declaração, indispensáveis para quem realiza procedimentos de importação, como o Siscomex, o Vicomex, o Mantra, o Siscarga e o Sistema da Marinha Mercante.

Como controlar tantos sistemas e ainda se dedicar às atividades-fim da empresa, isto é, comprar, produzir e vender? Como transformar esse labirinto burocrático em corredores de trânsito simples, esse dicionário de siglas e excessiva regulação em fatores não prejudiciais do negócio?

Dentro desse contexto, nasce a importância de retratar de forma dedicada, didática e muito prática a realidade das empresas importadoras em nosso país, descrevendo o passo a passo indispensável para se ter uma chance de sucesso como importador no Brasil.

A inspiração é a motivação necessária para empreender, mas ter um manual de instruções que aponte o caminho do sucesso é algo que evita tantos problemas, desilusões e prejuízos, que não pode ser dispensado.

Muitos empreendedores acreditam que uma empresa que (também) trabalha com importação é uma empresa absolutamente igual a todas as demais: precisa estar regularmente constituída, ter uma conta corrente em uma instituição financeira, um contador e, ainda, um despachante para auxiliar na internalização dos produtos ou insumos.

A partir de sua experiência de mais de uma década trabalhando com comércio exterior e tratando de um tema que possui escassa literatura relacionada, Kleber Fontes demonstra que não é bem assim.

Em seu texto, de maneira pormenorizada, mas sem divagações irrelevantes à prática, esclarece que não basta à empresa ter um contrato social com capital social integralizado se isso não for representativo da realidade. Essa verdade é tantas vezes ignorada quantos são os empresários que não conseguem obter seu registro de importador perante a Receita Federal do Brasil ou que não têm seus limites de importação aumentados no Radar.

Ao trazer os conceitos afeitos à Nomenclatura Comum do Mercosul e à tributação da importação, o autor demonstra que a utilização equivocada da classificação fiscal do produto, assim como a eleição do regime tributário, pode ser a diferença entre o lucro e o prejuízo.

Para ressaltar a diferença de controle que há entre uma empresa comercial comum e uma importadora, o livro destaca que o contador não pode ser um agente da Receita Federal para calcular tributos e que deve realizar todo o seu ofício: escriturar os livros e conciliar a parte financeira, contábil e fiscal da empresa com minúcia.

O manual também fornece dicas importantes relacionadas à formalização de pedidos, a detalhes a serem observados para evitar erros, à escolha logística e dos Incoterms, à programação dos pedidos conforme a localização do fornecedor e a necessidade da disponibilidade do produto, aos detalhes dos documentos relacionados à importação, entre tantos outros pormenores.

O comércio internacional e todo o processo de importação revelam que o conhecimento e o planejamento são tão indispensáveis quanto à escolha dos profissionais que devem tomar parte no desenvolvimento e resolução das necessidades da empresa, sem os quais não há como gerir de forma eficaz tantas questões acessórias na administração do processo.

Nesse sentido, essa obra fornece instrumentos importantes de como tomar essa decisão e tratar a rotina do importador, esclarecendo não só a forma de eleger esses profissionais como o que pode e deve ser exigido de cada um.

O desafio de empreender no Brasil é grande e, se a decisão do empresário for empreender e importar, será enorme.

Importar é verdadeiramente uma atividade para profissionais, mas todos podem se tornar profissionais com informação. Este manual é um excelente início para ilustrar os principais conceitos da área e as questões práticas que lhes são afetas.

**Dr. Rafael Canzan**
Advogado consultivo, aduaneiro, tributário, de contratos e de crimes relacionados à atividade empresarial.

# Apresentação

*"Escolha uma ideia. Faça dessa ideia a sua vida. Pense nela, sonhe com ela, viva pensando nela. Deixe cérebro, músculos, nervos, todas as partes do seu corpo serem preenchidas com essa ideia. Esse é o caminho para o sucesso"*
Swami Vivekananda

A motivação de escrever este livro surgiu do meu descontentamento ao enxergar as dificuldades encontradas pelos profissionais, gestores, empresários de pequenas e médias empresas brasileiras e prestadores de serviços em entender o processo e a burocracia envolvida na importação, desde a adequação da empresa até a nacionalização do produto junto à Receita Federal do Brasil e demais órgãos anuentes. Diante disso, aceitei este desafio pessoal e profissional, tomando a decisão de escrever esta obra elucidando o passo a passo para o sucesso na importação, com explicações em detalhes e com profundidade de cada conceito, processo e documento envolvido nessa operação, por meio da visão de um profissional com mais de dez anos de experiência prestando assessoria em importação para empresas brasileiras e estrangeiras.

O objetivo principal deste livro é dar ao leitor um embasamento técnico e operacional para que, diante de tantas informações e desafios, tenha o conhecimento para melhorar sua tomada de decisão. Similar a outras atividades, a importação segue uma legislação extremamente complexa e dinâmica, com atualizações a todo momento. O regulamento aduaneiro tem como principal objetivo punir qualquer tipo de irregularidade, por mais superficial que seja, mesmo que não tenha sido causada pelo importador. Nossa legislação é extremamente punitiva em vez de corretiva, então qualquer erro poderá onerar seu custo. Importação é uma atividade para profissionais e requer estudo e prática. Caso você realmente queira aprender e fazer a coisa certa, está no caminho certo! Você tem duas opções na importação: *fazer a coisa certa ou fazer a coisa certa*. Não há outro caminho: deve-se sempre agir de maneira preventiva, buscando informações e alternativas legais para viabilizar sua operação.

A estratégia de muitas empresas para sobreviver no mercado ou para obter um diferencial diante da concorrência severa a nível global vem com essa atividade que só tem a crescer. Se você pretende aprender, entender, iniciar ou até mesmo melhorar sua operação de importação, seja para diversificar sua linha de produtos, desenvolver novos fornecedores, reduzir custos, obter qualidade, incrementar seu parque fabril, inovar ou até mesmo importar insumos para exportar, está adquirindo a obra certa. Sempre que, no dia a dia de seu trabalho, você se deparar com uma palavra desconhecida, não deixe de consultar o Glossário ao final do livro: nele, você encontrará os principais termos e siglas do setor. Espero que este livro lhe inspire a tomar sua decisão e, principalmente, que os ensinamentos transmitidos aqui sejam transformados em ação! Bem-vindo ao time!

Boa leitura e estudo!

Kleber Fontes

# 1° passo
# Comece do real começo

*"Comece de onde você está.*
*Use o que você tiver.*
*Faça o que você puder"*
Arthur Ashe

## 1. PLANO DE NEGÓCIOS

Para ter sucesso em qualquer negócio, é importante o desenvolvimento de um plano de negócios detalhado e completo. Na importação não é diferente. Por meio do plano de negócios, é possível analisar a real viabilidade do seu projeto. Nele devem ser elencados os objetivos, a estratégia comercial, as ações da organização como um todo e principalmente as atitudes do empresário ou gestor que está à frente do negócio. Elaborei os principais pontos a serem levantados para um plano de negócios de um projeto de importação:
- dados dos empreendedores, gestores, experiência profissional e atribuições;
- dados do empreendimento (atividade principal e secundária da empresa);
- missão da empresa (qual o objetivo);
- setores de atividade (comércio, indústria, serviços etc.);
- sociedade empresarial (Eireli, Limitada, Sociedade Anônima etc.);
- regime de tributação (Simples Nacional, Lucro Presumido, Lucro Real);
- capital social (fonte de recursos, cotas societárias);
- análise de mercado;
- estudo dos clientes em potencial (pessoas físicas, jurídicas, atacadistas, varejistas, indústrias);

- estudo dos principais concorrentes (qualidade, preço, forma de pagamento, atendimento);
- estudo dos fornecedores em potencial (mercado interno e externo);
- plano de marketing;
- descrição dos principais produtos (linha de produtos, quantidade de produtos, carro-chefe);
- preço (competitivo, *premium*, abaixo do mercado);
- estratégia comercial (loja virtual e/ou física, telemarketing, representantes comerciais, B2B, B2C);
- estrutura física e organizacional (modelo de negócio, hierarquia, departamentalização);
- localização do negócio (estratégico logisticamente, cidade, estado, escritório, armazém);
- plano operacional;
- desenho dos processos (fluxograma, sistemas, métodos, sistema de qualidade);
- capacidade operacional e comercial (capacidade operacional x volume de negócios);
- necessidade de contratação de profissionais (CLT, consultores, *freelancers*, terceiros);
- terceirização (contabilidade, logística, jurídico);
- plano financeiro;
- investimento financeiro total (equipamentos, veículos, móveis, sistemas, mão de obra etc.);
- estimativa dos custos fixos (aluguel, salários etc.);
- capital de giro (contas a pagar, contas a receber, custo fixo e variável mensal, estoque inicial);
- investimentos pré-operacionais (abertura da empresa, licenças, instalação física, estudos, cursos);
- estimativa do faturamento mensal (avaliação do potencial x capacidade comercial);

- indicadores de viabilidade;
- ponto de equilíbrio (despesas x receita);
- lucro almejado pelos acionistas (lucratividade x rentabilidade);
- retorno do investimento (ROI) (investimento total/ganho obtido = tempo de retorno);
- avaliação estratégica;
- construção de cenários (variação da moeda estrangeira, economia, otimista, pessimista);
- análise SWOT (forças, oportunidades, fraquezas e ameaças).

Por fim, deve-se realizar a avaliação do plano de negócios e a real viabilidade do projeto. Por se tratar de projeto de importação cuja compra, trâmite logístico e nacionalização levam um tempo para serem realizados, sugiro analisar com profundidade os cenários econômicos, se o produto tem alguma sazonalidade, restrição ou controle governamental (Anvisa, Ministério da Agricultura, entre outros), se existe algum monopólio e se há alguma barreira tarifária (*antidumping*).

Caso tenha dificuldade para elaborar um plano de negócios, há consultores especializados que podem assessorá-lo nessa atividade. Além de fornecer um panorama do novo negócio ou projeto, o plano pode ser utilizado em apresentações a investidores em potencial ou até mesmo a bancos, caso seja necessário obter investimento externo.

Elaborar um plano de negócios detalhado exige persistência, comprometimento, pesquisa e muita criatividade, mas pode ter certeza de que um bom planejamento fará com que se economize tempo e dinheiro ao longo da empreitada. É melhor errar no papel do que no mercado. Para o desenvolvimento de uma estratégia e modelos de negócios, sugiro também o *Business Model Canvas*, uma ferramenta prática que permite visualizar seu projeto como um todo e, principalmente, enxergar de que maneira a empresa agregará valor ao mercado.

Acompanhando diversos importadores é notório que, quanto mais se conhece o próprio ramo de atuação e o mercado consumidor, maior a chance de sucesso. Ao longo deste livro, aprofundaremos alguns temas em especial.

## 1.1. O produto

A escolha do produto a ser importado depende de vários fatores, levando sempre em consideração que importar é uma opção. Muitos produtos podem ser adquiridos de importadores ou até mesmo fabricados no mercado interno. Essa decisão é estratégica, e a real viabilidade do projeto deve ser verificada no plano de negócios citado anteriormente e por meio do que será compartilhado no 2º passo deste livro.

Há vários fatores que levam o empresário brasileiro a importar. Os principais são:

### 1.1.1. REVENDA

Empresas comerciais podem importar e revender o produto pronto ou importar matéria-prima e revendê-la diretamente a distribuidores ou indústrias, que a utilizarão para produzir o produto final. Na importação para revenda, é possível atuar com produtos exclusivos ou explorando nichos de mercado específicos.

### 1.1.1.1. Atacado

No caso de revenda para revendedores, é necessário muitas vezes importar em escala para que se consiga ter preço competitivo e alto giro de vendas mensal. Nesse caso, o foco é no atacado.

## 1.1.1.2. Varejo

Se há a possibilidade de importar em menor escala e revender direto ao consumidor final por meio de uma loja virtual ou física, o foco é no varejo.

## 1.1.2. USO PRÓPRIO

Empresas industriais podem importar para uso próprio. Nesse caso, consideramos importação para consumo de matéria-prima ou de máquinas e equipamentos. Na importação de insumos, é possível ter acesso a fornecedores estrangeiros para fugir do monopólio de determinados produtos fabricados no Brasil; na importação de máquinas, é possível ter acesso a tecnologias jamais vistas no mercado interno.

### 1.1.2.1. Matéria-prima

É possível importar tanto o insumo principal quanto os intermediários, como material secundário, complementar ou até mesmo embalagens e, dessa forma, transformá-lo no produto final, pronto para ser revendido no mercado interno. Consideramos esse caso como importação para industrialização.

### 1.1.2.2. Máquinas e equipamentos

As tecnologias dos equipamentos alemães, italianos, sul-coreanos, taiwaneses, entre outros, podem agregar muito mais qualidade, maior produção e menor uso de mão de obra humana na sua produção. Consideramos esse caso como importação de ativo imobilizado.

Os destinos das importações são os mais diversos possíveis. Importar muitas vezes é um diferencial ao importador e o torna mais competitivo frente aos concorrentes.

## 1.2. Embalagem, etiquetas e rótulos

Embalagem nada mais é que o invólucro que serve para acondicionar e apresentar um produto. Os seus objetivos são conter, preservar, exibir, refinar, ter múltiplas utilidades e identificar o que vem dentro. Muitas vezes, a embalagem é fundamental para o sucesso do produto, pois é por meio dela que o consumidor tem acesso às informações do conteúdo. Por isso, o design é de extrema relevância. Além da embalagem do produto, existe aquela que o acondiciona externamente. Para determinar a melhor embalagem externa, o exportador ou fabricante analisa a constituição física da mercadoria (sólido, líquido, gasoso ou granel), o modelo de transporte, o peso do volume a ser embalado, a sensibilidade e advertências sobre empilhamentos, riscos no manuseio e o cumprimento de exigências internacionais.

Os tipos de embalagem externa mais utilizados na importação são: caixas de papelão, plástico, metal, madeira ou isopor; sacos plásticos ou de aniagem; envelopes; pacotes; canudos; engradados de madeira; containers plásticos; baús de metal ou de madeira, entre outros. A variedade é imensa e sempre dizemos ao importador que não há ninguém melhor do que o exportador e ele para saber a melhor opção para o seu produto.

A tecnologia e design contidos em uma embalagem podem ser de extrema sofisticação. Já houve casos de otimização do acondicionamento dos produtos dentro da caixa de papelão, em que se conseguiu colocar mais produtos dentro da embalagem do que o habitual. Assim, com uma maior quantidade inserida por pacote – e, consequentemente, por container – obteve-se uma redução do custo por item importado.

Caso durante a negociação com o exportador você perceba que a embalagem utilizada não é tão reforçada quanto deveria, solicite-lhe que seja utilizado um reforço. Mesmo que tenha custo adicional, sempre dizemos que, se a mercadoria sai da origem "bem embalada", ela chegará ao destino "bem embalada". Geralmente, as embalagens dos produtos importados da Europa são bem reforçadas, porém as de origem chinesa e indiana muitas vezes deixam a desejar; já as japonesas são exemplos de embalagens, com tudo muito bem pensado e desenvolvido. No modal aéreo, devemos considerar que sua mercadoria passará por conexões de aviões nos principais aeroportos até chegar ao destino final e que será manuseada não só por pessoas, mas também por empilhadeiras e esteiras. No marítimo, dentro do container, com o movimento do navio, a mercadoria poderá sofrer avarias; dessa forma, quanto mais reforçada a embalagem, melhor.

Quando se trata de frete internacional marítimo na modalidade FCL (*full container load*, ou container cheio), sabemos que somente a mercadoria de um importador estará dentro daquele container. Mas, em casos de frete internacional marítimo LCL (*less container load*, ou carga consolidada), não sabemos quais outros produtos estarão dentro do mesmo container, então reforçar a embalagem, principalmente nessa modalidade, é de extrema importância. A mesma situação se aplica ao modal rodoviário diante do manuseio de pessoas e, principalmente, da precariedade das estradas brasileiras e de países do Mercosul.

Todos esses fatores devem ser levados em consideração, discutidos com o exportador e seguidos à risca, inclusive na estufagem do container ou no processo de fechamento das embalagens na origem. Em muitos embarques marítimos FCL, os importadores preferem que o exportador estufe o container, sem a utilização de *pallets* de plástico ou madeira, pois dessa maneira caberão mais caixas. Porém, vale ressaltar que o "manuseio manual" no Brasil, em caso de desova, será bem mais caro do que o "manuseio mecânico", com a utilização de empilhadeiras e paleteiras.

Quando se trata de caixas de papelão, é comum o importador exigir do exportador que elas já venham com a marca ou logo

da empresa importadora. É importante ressaltar que algumas informações são de extrema importância para a conferência física aduaneira em caso de canal vermelho ou cinza*, assim como para a identificação de cada produto após a chegada da mercadoria no armazém do importador. Abaixo, segue uma sugestão de algumas informações a serem mencionadas na caixa de papelão:
- Numeração: numeração da quantidade de volumes de acordo com o romaneio de carga (*packing list*).
- Código do item: deverá ser mencionado na fatura comercial e no romaneio de carga.
- Quantidade de itens: quantidade de itens contidos naquele volume.
- Nome do importador: razão social completa do importador.
- CNPJ do importador: os catorze dígitos do CNPJ do importador.
- País de fabricação: informação do país de fabricação, como "*Made in China*", "*Made in France*".

Nesse quesito, aconselho que, caso o importador tenha interesse em utilizar a mesma embalagem para revender o produto no mercado interno, seja solicitado ao exportador não mencionar no pacote o nome da empresa exportadora. Dessa maneira, o importador ficará seguro de que o cliente final ou concorrentes não conseguirão encontrar o seu fornecedor. Já presenciei casos em que, por falta de aviso, as caixas vieram com o nome do mesmo exportador. Na chegada da mercadoria, o importador teve que trocar todas as caixas, gerando custos desnecessários, pois não queria que o cliente final ou concorrente tivessem acesso ao seu fornecedor estrangeiro. Em caso do produto importado a granel, seja em sacos de 25 kg, tambores ou *big bags*, é primordial que

---

\* Ver no capítulo 4 o subcapítulo "Canal de parametrização".

na etiqueta ou embalagem estejam os dados necessários para identificar o produto, a origem da fabricação e indicações sobre a melhor maneira de manusear aquele produto e embalagem.

## 1.2.1. CÓDIGOS DE BARRAS

O Regulamento Aduaneiro ou Código de Defesa do Consumidor (CDC) não exigem que o código de barras venha impresso na etiqueta do produto importado. Porém, esse é um ponto importante que, acredito, merece um esclarecimento, pois notei várias dúvidas por parte dos importadores que trabalham, principalmente, com produtos prontos para revenda. Considerando que o importador está importando o produto finalizado e deseja realizar o mínimo de manuseio possível após a chegada da mercadoria, pois isso acaba sendo um custo adicional ao acrescentar os códigos de barras no design da embalagem para que o exportador possa produzi-la da maneira desejada, não será necessária nenhuma alteração no pacote após o recebimento da mercadoria importada.

O código de barras é uma representação gráfica de dados numéricos ou alfanuméricos, compostos por treze dígitos na parte inferior do código. Cada número e simbologia possui um significado, e a leitura dos dados é realizada por um leitor que automaticamente realiza o lançamento da informação no software de gestão empresarial (ERP), utilizado para dar entrada ou saída no estoque. Atualmente, a maioria dos produtos revendidos em lojas está com os códigos de barras devidamente inseridos nas etiquetas, em bens alimentícios, naturais, roupas e vestuários, sapatos etc. O uso do código de barras, além de facilitar o controle de estoque, evita duplicidade do mesmo item, fraudes, bem como facilita a localização do produto no estoque ou na prateleira, diminui os riscos de erros de compra e venda e reduz custos com mão de obra. A praticidade é imensa, facilitando a tomada de decisões por parte do gestor.

Mas como obter o código de barras? Em se tratando de nível global e visando resguardar-se de que nenhuma outra empresa tenha o mesmo código, o importador deve obter uma licença (cobrada por anuidade) junto a uma empresa reguladora. No Brasil, temos a GS1 Brasil – Associação Brasileira de Automação, entidade responsável por oferecer esse tipo de solução. A GS1 faz a certificação do código de barras, e a aquisição é bem simples, pelo próprio website da certificadora (www.gs1br.org). Após essa aquisição, o importador poderá gerar os códigos de barras facilmente, com segurança e estabilidade para o seu negócio. O passo a passo de como gerá-lo também é fornecido pela GS1.

País — 3 dígitos cedidos pela EAN (789 - Brasil)
Empresa — 6, 5 ou 4 dígitos concedidos pela EAN Brasil
Produto — 3, 4 ou 5 dígitos criados pela empresa
D. C. — dígito (cálculo algoritmo)

## 1.3. Registro de marcas

O registro de marcas é, sem dúvidas, um ponto importante a ser levado em consideração antes e durante a constituição da empresa, para registrar tanto o logo da empresa quanto a própria marca do produto a ser comercializado ou daquele a ser importado e revendido no mercado interno. Independentemente da situação, o registro deve ser efetuado junto ao Instituto Nacional da Propriedade Industrial (INPI), uma autarquia federal vinculada ao Ministério da Indústria, Comércio Exterior e Serviços.

Sendo assim, antes de definir a marca, logo ou marca importada, sugiro que seja consultado um especialista em registro de marcas para que ele possa fazer uma pesquisa e averiguar se ela já não está registrada junto ao INPI em nome de outra empresa. Dessa forma, tempo e dinheiro são economizados. Para registrar uma marca estrangeira no Brasil, sugiro que haja um contrato com o exportador que a detém, autorizando esse registro, para não ser pego de surpresa caso a parceria não dê certo e a marca seja repassada a outro importador. Essa autorização em contrato também o resguardará de qualquer problema jurídico, de pirataria a uso indevido da marca no Brasil.

É importante ressaltar que o processo de registro junto ao INPI leva em média dois anos para ser concluído. Porém, de posse do protocolo do pedido de registro, já é possível fazer uso da marca. O registro tem a validade de dez anos, podendo ser renovado sem limites, e a renovação deve ser solicitada antes que esse prazo expire.

## 1.4. Patentes

Caso o produto importado tenha patente registrada no exterior, é importante que haja um contrato com o exportador autorizando a livre comercialização deste produto no Brasil. O especialista em registro de marcas também poderá assessorá-lo nesse quesito caso necessário.

## 1.5. Código de Defesa do Consumidor

O Código de Defesa do Consumidor (CDC) exige que os produtos importados tragam informações claras e completas em língua portuguesa. São elas:
- características;
- qualidade;

- quantidade;
- composição;
- preço;
- garantia;
- prazo de validade;
- nome do fabricante e endereço;
- riscos que podem ser apresentados à saúde e à segurança do consumidor.

Os produtos importados devem trazer, em sua embalagem, uma etiqueta com as explicações escritas em português. O consumidor final poderá exigir manuais de instrução em português, como por exemplo em produtos eletrônicos, em que é necessário manual do usuário. Para evitar custos extras após a chegada da mercadoria, solicite ao exportador o manual em inglês para que a tradução seja efetuada e, em seguida, envie-a a ele para que seja impressa na origem e colocada dentro da caixa da embalagem. Ao enviar o manual traduzido, informe ao exportador o tipo de papel que deseja, gramatura, tamanho, entre outras observações, para que seja impresso com a qualidade desejada.

## 1.5.1. GARANTIA NO MERCADO INTERNO

É importante ressaltar que uma vez decidido constituir a empresa ou transformá-la em importadora, é necessário um trabalho constante de acompanhamento para verificar se os seus produtos importados atendem aos requisitos mercadológicos e técnicos. Lembrando que, uma vez sendo importadora, sua empresa será equiparada à indústria. Dessa forma, é necessário seguir o código de defesa do consumidor (CDC) e fornecer garantia do produto importado, assistência técnica, partes, peças e acessórios e, quando necessário, o manual de usuário na língua portuguesa.

## 1.6. Constituição da empresa, aquisição ou adequação

Uma vez confirmada a viabilidade do projeto de importação através do plano de negócios, a empresa deverá ser constituída, adquirida, ou caso já tenha uma pessoa jurídica estabelecida, adequada para tornar-se uma importadora. Dessa forma, devemos nos atentar a alguns pontos cruciais para que tenhamos toda a documentação dentro dos parâmetros administrativos, contábeis e fiscais exigidos pela lei para atuar de forma legal e obter o deferimento do Radar-Siscomex – um dos pontos principais para o sucesso da importadora. Veremos mais sobre Radar-Siscomex e suas modalidades ao longo deste livro.

Qualquer empresa comercial pode ser uma importadora. Empresas prestadoras de serviço ou entidades sem fins lucrativos (ONGs e OCIPs) também podem importar, desde que seja somente para uso próprio e não para a prática de comércio.

### 1.6.1. SOCIEDADES EMPRESARIAIS

As sociedades empresariais constituem-se num leque de opções previstas na legislação brasileira, de forma a aglutinar pessoas físicas e jurídicas, pretendendo atender a um objetivo empresarial. Os principais tipos de sociedades empresariais existentes no Brasil são: Limitada, Sociedade Anônima e Eireli, além de tantas outras. Veremos a seguir as mais utilizadas:

#### 1.6.1.1. Limitada

A sociedade empresarial de responsabilidade limitada é a mais comum no Brasil. Caracteriza-se principalmente pela responsabilidade limitada de cada sócio, podendo ser duas ou mais pessoas físicas ou jurídicas. A abreviatura Ltda. obrigatoriamente consta no final da razão social.

O principal objetivo dessa forma de sociedade é limitar e condicionar a responsabilidade de cada sócio de acordo com os investimentos no capital social da empresa. Esse valor investido é distribuído em cotas para cada um, respondendo direta e solidariamente pelo lucro e dívida da empresa.

Além de limitar as responsabilidades de cada sócio, essa modalidade protege o patrimônio pessoal dos mesmos em caso de falência, fechamento ou desligamento da empresa. O administrador dessa sociedade pode ser um ou mais sócios, ou até mesmo um administrador não sócio.

### 1.6.1.2. Sociedade Anônima

A Sociedade Anônima (S.A.) é mais completa, também chamada de companhia. É caracterizada por ter o seu capital financeiro dividido em ações, de acordo com o investimento de cada acionista. As responsabilidades são limitadas segundo a quantia de ações, que podem ter sido subscritas ou adquiridas. Para sua identificação, a abreviatura S.A. deverá constar no final da razão social.

Esse tipo de empresa pode ter dois ou mais acionistas e normalmente é constituída por uma assembleia geral, um conselho de administração, um conselho fiscal e uma diretoria. Poderá ser de duas categorias: sociedades anônimas de "capital fechado" e de "capital aberto".

### 1.6.1.3. Eireli

A Empresa Individual de Responsabilidade Limitada (Eireli) é uma categoria empresarial constituída de um único sócio, devendo ser pessoa física. Ela surgiu com o propósito de acabar com a figura do sócio "fictício", que era comum em empresas registradas como Limitada. Da mesma forma que a Ltda., a Eireli também protege o patrimônio pessoal do empresário. O capital social mínimo exigido para a abertura de uma empresa de responsabilidade limitada é de 100 salários mínimos, exigência legal que serve para dar mais segurança aos credores. Assim como as demais categorias explanadas acima, o termo Eireli deverá constar no final da razão social.

As demais sociedades empresariais, como Conta de Participação, Cooperativa, Empresário Individual ou Microempresário Individual, também podem se tornar importadoras, desde que cumpram com todos os requisitos estabelecidos na legislação.

## 1.6.2. ADMINISTRADOR

Ao longo dos anos, o nível de exigência por parte dos clientes e sócios tem sido cada vez maior, requerendo cada vez mais capacidade técnica e analítica dos profissionais, a saber, administradores ou gestores das importadoras. O primeiro, além de gerenciar a empresa como um todo, deve acompanhar o desenvolvimento de todas as atividades, realizando sempre o planejamento com sua equipe, implementação e acompanhamento dos projetos, negociação com profissionais internos e externos, além de fazer revisões dos processos sempre que possível. Também é o responsável legal perante o Siscomex, portanto qualquer irregularidade praticada pela empresa, ou em qualquer importação, será de responsabilidade do administrador. Então deve tomar muito cuidado ao delegar; é uma tarefa necessária, mas deve sempre ser feita por profissionais competentes, acompanhando de perto o desenvolvimento das atividades delegadas.

## 1.6.3. CAPITAL INTEGRALIZADO

Um dos pontos chaves na constituição da empresa ou na aquisição de uma é o capital social ou financeiro, integralizado na empresa tanto em cotas quanto em ações (dependendo do tipo de sociedade empresarial). Primeiro, deve ser compatível com as suas operações. Segundo, deve ser integralizado corretamente na conta corrente da pessoa jurídica. Terceiro, e principalmente, deve ter origem lícita por partes dos sócios e ser declarado à Receita Federal do Brasil.

É com esses recursos financeiros que a empresa dá início às suas atividades econômicas, para comprar os móveis, alugar ou comprar o imóvel, contratar profissionais ou adquirir todo o seu ativo permanente. É comum atendermos empresários que desejam importar e, quando questionados se a integralização do capital foi efetuada corretamente na abertura da empresa, seguindo as cotas ou ações de cada sócio e tendo como origem a conta bancária da pessoa física transferida para a jurídica, as respostas são as mais diversas possíveis. Em sua maioria, a integralização foi efetuada incorretamente, quando sequer foi realizada. Sabemos que esse é um dos pontos principais para a construção de uma importadora sólida no mercado, pois em caso de não integralização correta, a mesma não terá o deferimento do Radar-Siscomex pela Receita Federal do Brasil e, consequentemente, o andamento do planejamento de importação estará comprometido.

## 1.6.4. ATIVIDADES DA EMPRESA

A Classificação Nacional de Atividade Econômica (CNAEs) informada no contrato social (comércio varejista, atacadista, representação comercial, fabricação etc.) deve coincidir com o ramo de atividade e produtos em que a empresa realmente atuará ou atua.

Dependendo desses, há a necessidade de constar determinadas expressões no contrato social para que ele seja aceito por parte dos órgãos reguladores, como Anvisa, Ministério da Agricultura, entre outros. Não há uma CNAE específica para a importação, que poderá ser informada ao longo das atividades mencionadas no contrato social, estatuto, requerimento, ato constitutivo da empresa ou na razão social.

Outro ponto relevante é que as Secretarias da Fazenda de cada estado estão cada dia mais sincronizadas com a Receita Federal. Dessa forma, caso sua importadora usufrua ou não de algum benefício fiscal estadual, é importante que as informações no CNPJ e no SINTEGRA* coincidam. É comum nos depararmos com dados divergentes entre um sistema e outro, atrasando ou onerando o ICMS na importação.

## 1.6.5. ENDEREÇO COMERCIAL

É importante que o endereço da empresa seja realmente comercial e que a mesma esteja fisicamente instalada nele para que o alvará da prefeitura seja emitido. Caso o importador queira importar e distribuir, é provável que armazene seu produto em seu próprio estabelecimento. Por isso, é necessário constar em seu alvará a informação correta de ESCRITÓRIO e ARMAZÉM. Se a armazenagem for terceirizada, sugiro que haja um contrato de prestação de serviço com o armazém responsável pelo depósito e pela logística do produto. Também é crucial sempre colocar toda e qualquer conta da pessoa jurídica em nome da empresa. Não se pode solicitar instalação de telefone ou energia elétrica em nome dos sócios, isso é um erro comum de muitos empresários.

---

* Sistema Integrado de Informações sobre Operações Interestaduais com Mercadorias e Serviços.

# 2° passo
# Siga os números

*"Produtividade nunca é um acidente.
É sempre o resultado de comprometimento com
a excelência, planejamento inteligente e esforço focado"*
Paul J. Meyer

## 2. PLANEJAMENTO TRIBUTÁRIO

Muitos clientes que nos contatam diariamente, apesar de já terem comprado a mercadoria do exportador ou fabricante no exterior, em nenhum momento realizaram o estudo de viabilidade dessa importação ou habilitaram suas empresas junto à Receita Federal.

Para quem não tem conhecimento na área, é difícil realizar esse estudo sozinho, diante da complexidade das bases de cálculos de cada imposto incidente na importação e das despesas aduaneiras, que incidirão durante o processo de importação. Diante disso, sugiro que, antes de realizar qualquer compra de um país estrangeiro, seja contratado um despachante aduaneiro ou uma empresa de assessoria em importação capaz de realizar a simulação.

### 2.1. Regimes de tributação

Atualmente, há três tipos de regimes de tributação no Brasil: o Simples Nacional, o Lucro Presumido e o Lucro Real. A escolha de qual deles é melhor para a importadora dependerá da *atividade econômica* da empresa e das *variáveis do mercado*. Para tomar essa decisão, sugiro solicitar ao seu contador e seu despachante aduaneiro um planejamento tributário e os cenários possíveis de acordo com cada regime. Independentemente do regime escolhido, a tributação incidente na importação no âmbito federal será igual, de acordo com a classificação fiscal do produto. O que pode variar é o Imposto sobre Circulação de Mercadorias e Serviços (ICMS), por ser um tributo estadual definido pelo regulamento próprio do estado do importador.

### 2.1.1. SIMPLES NACIONAL

O regime de tributação mais atrativo para as pequenas e médias empresas é o Simples Nacional. Além de ter normas simplificadas de cálculo e recolhimento de tributos, o custo previdenciário é menor. Os tributos incidentes são aplicados em uma única guia, denominada Documento de Arrecadação do Simples Nacional (DAS), que reúne os seguintes impostos: Imposto de Renda Pessoa Jurídica (IRPJ), Contribuição Social sobre o Lucro Líquido (CSLL), Programa de Integração Social (PIS), Contribuição para o Financiamento da Seguridade Social (Cofins), Imposto sobre Produtos Industrializados (IPI), Contribuição Patronal Previdenciária (CPP), Imposto sobre Serviços (ISS) e ICMS.

Porém, nem todas as empresas podem optar pelo Simples Nacional. As principais barreiras são o teto de faturamento, as formas societárias cooperativas e a participação do sócio em mais de uma empresa.

É importante ressaltar que o Simples Nacional não dá direito a crédito dos impostos recolhidos na importação, e, mesmo não tendo incidência de IPI na saída (venda) do produto, seu recolhimento é exigido na importação.

### 2.1.2. LUCRO PRESUMIDO

O Lucro Presumido é uma forma de tributação simplificada para a determinação da base de cálculo do Imposto de Renda e da Contribuição Social sobre o Lucro Líquido. Esse regime *presume* o lucro da empresa a partir de sua receita bruta, alcançando uma tributação estimada, não aplicada com base no lucro contábil efetivo.

É o regime mais comum entre os importadores de médio porte, pois muitos de seus clientes, sejam eles indústrias ou atacadistas, exigem o repasse de crédito de IPI e ICMS no ato da compra. Além disso, trata-se de um ótimo enquadramento para empresas que aplicam margens de lucro superiores às da presunção.

O importador enquadrado no Lucro Presumido tem direito aos créditos do IPI e do ICMS recolhidos na importação, que também reincidem na saída; porém, não pode aproveitar os créditos do PIS e do Cofins. Há uma série de questionamentos de empresários quanto ao destaque do IPI na saída, mas a incidência é prevista por lei, equiparando o importador à indústria. Assim, esse último imposto deve ser destacado com o pagamento da diferença do crédito e do débito na apuração mensal dos tributos. Apesar do PIS e do Cofins não serem creditados na importação, incidem na saída, com alíquotas mais baixas do que as aplicadas na entrada do produto.

## 2.1.3. LUCRO REAL

No Lucro Real, o IRPJ e a CSLL são determinados a partir do lucro contábil, acrescido de ajustes negativos ou positivos conforme legislação fiscal. É o mais vantajoso para os importadores de médio a grande porte, com margens de lucro reduzidas e com custo fixo e variável altos. Por isso, trata-se de um regime mais justo que o Lucro Presumido. No entanto, por ser muito burocrático, exige um controle fiscal e contábil extremamente correto e bem apurado.

Nesse regime, o importador tem direito a crédito do IPI, PIS, Cofins e ICMS. Na saída, há a reincidência dos mesmos, recolhendo somente a diferença de impostos entre crédito e débito.

Independentemente do regime adotado pela pessoa jurídica, a Substituição Tributária* de ICMS incide na venda de todos os produtos, caso sua classificação fiscal esteja nos protocolos entre os estados.

Muitos importadores me questionam sobre a possível situação: havendo algum débito ou dívida ativa com a União, haveria retaliação ou retenção da mercadoria pela Receita Federal durante a nacionalização? Isso é um mito. A despeito do débito, a Receita Federal trata cada importação como uma operação distinta. Assim, se recolhidos devidamente os impostos sobre a mercadoria, ela será nacionalizada e liberada. Outra dúvida comum é a de que, tratando-se de importador enquadrado no Lucro Real ou Presumido com crédito de IPI, PIS e Cofins em conta gráfica, se ele poderá compensar na próxima importação. Outra negativa. Toda vez que uma importação é realizada, os tributos devem ser recolhidos de acordo com a NCM ou NCMs incidentes no ato da nacionalização.

RELAÇÃO DE CRÉDITO DOS IMPOSTOS

| TIPO DE EMPRESA | IMPOSTOS | | | | |
|---|---|---|---|---|---|
| | II | IPI | PIS | COFINS | ICMS |
| Simples Nacional | 👎 | 👎 | 👎 | 👎 | 👎 |
| Lucro Presumido | 👎 | 👍 | 👎 | 👎 | 👍 |
| Lucro Real | 👎 | 👍 | 👍 | 👍 | 👍 |

---

* A Substituição Tributária (ST) é o regime pelo qual a responsabilidade pelo ICMS devido em relação às operações ou prestações de serviços é atribuída a outro contribuinte, substituto ou substituído. Imposto incidente na venda (saída) do produto de acordo com o Decreto do RICMS do estado ou protocolos interestaduais.

## 2.2. Classificação fiscal

A Nomenclatura Comum do Mercosul, mais conhecida como NCM ou classificação fiscal, é um dos pontos mais importantes da importação. É composta por oito dígitos e determina os impostos a serem recolhidos na nacionalização/liberação da mercadoria importada. Também determina a necessidade de anuência prévia ou não de algum órgão, através dos destaques da NCM; havendo o requisito de aprovação prévia, é preciso providenciar o Licenciamento de Importação não automático.

Exemplos de NCMs:
- 3802.10.00 – carvões ativados;
- 3926.90.90 – outras obras de plástico.

Muitos importadores subestimam a utilização da NCM correta, sendo que ela é de extrema importância para evitar multas ou penalidades mais severas pelo fisco. Para classificar a mercadoria devidamente, há um sistema chamado Tarifa Externa Comum (TEC), que é utilizado pelos países do Mercosul. Dentro dele, há um local de pesquisas de NCMs e as Normas Explicativas do Sistema Harmonizado (NESH), que esclarecem detalhadamente cada código, possibilitando a classificação correta da mercadoria.

Caso realize poucas importações ou ainda tenha dificuldades ao classificar sua mercadoria, você pode consultar seu despachante aduaneiro, contador ou advogado tributário para auxiliar na pesquisa da classificação fiscal. Do contrário, é possível ter acesso à TEC assinando a anuidade de softwares especializados ou pelo website do Ministério do Desenvolvimento, Indústria e Comércio Exterior (MDIC).

Se não tiver certeza da classificação feita do produto e for um importador frequente deste, sugiro realizar uma consulta formal na Receita Federal, onde será necessário preencher uma série de documentos e protocolar a petição junto à jurisdição mais próxima. A Receita Federal abrirá um processo administrativo e realizará a análise da consulta. Depois, responderá a petição e publicará a consulta no Diário Oficial da União. Dessa maneira, você estará resguardado da NCM que deseja utilizar ou vem adotando em suas importações. A Instrução Normativa RFB N° 1464 de 08 de maio de 2014 dá o direcionamento para que essa consulta seja elaborada corretamente.

É importante ressaltar que muitos importadores classificam o produto utilizando NCMs com a menor carga tributária possível, sendo um erro crasso que pode custar caro, como multas e a perda da mercadoria. O produto deve ser classificado corretamente e não pela carga tributária apresentada na TEC. Também ressalto que, por mais que o importador receba o HS CODE* do exportador, a NCM será sempre de responsabilidade daquele.

## 2.2.1. DESTAQUE DA NCM

Os produtos importados têm diversas destinações. Temos o exemplo do parafuso de plástico classificado na NCM 3926.90.90 (ver tabela mais adiante), que poderá ser destinado tanto para a *indústria de equipamentos em geral* quanto *para uso médico--odonto-hospitalar*. Nesse caso, ao acessar o sistema TEC, há três destaques para essa NCM: *material usado, escudo a prova de bala ou para uso médico-odonto-hospitalar*. Se o produto for destinado para esse último, o destaque 031 mostrado na tabela a seguir deverá ser considerado para fins de Licenciamento de Importação. Caso contrário, o código 999, que determina o Licenciamento não seja

---

\* HS CODE é o sistema base usado para os NCMs. Trata-se de um sistema internacional de classificação de mercadorias, contendo informações referentes a origem do produto, materiais e aplicação.

exigido, deverá ser informado no campo Destaque da NCM da Declaração de Importação.

| Posição: 3926.90.90 | | | | | |
|---|---|---|---|---|---|
| Início | Alteração | Finalidade | Anuente | Destaque | Descrição |
| 31/12/1996 | 26/01/2016 | Analisar | DECEX | | MATERIAL USADO |
| 09/10/2001 | 09/10/2001 | Analisar | DFPC | 008 | ESCUDO A PROVA DE BALA |
| 28/10/2011 | 28/10/2011 | Analisar | ANVISA | 031 | PARA USO MÉDICO-ODONTO-HOSPITALAR |

## 2.2.2. NVE

A Nomenclatura de Valor Aduaneiro e Estatística, conhecida por NVE ou atributos, se refere ao código de classificação da mercadoria para fins de valor aduaneiro e estatístico, sendo detalhado em nível, atributo e especificação. É o conjunto de propriedades criado para melhor caracterizar os produtos segundo espécies, marcas comerciais, tipos, modelos, séries, entre outras informações. O Siscomex* só disponibiliza esse campo quando a NCM informada possuir dados relativos à NVE.

Quando o seu despachante aduaneiro mencionar qualquer solicitação sobre NCM, seu destaque ou NVE, você saberá do que se trata e poderá fornecer as informações adequadamente, tendo assim um bom fluxo operacional na importação.

## 2.3. Tributação na importação

É de extrema relevância o conhecimento profundo da tributação na importação, que é totalmente diferente dos impostos aos quais estamos acostumados quando comercializamos somente

---

\* O Siscomex (Sistema Integrado de Comércio Exterior) é um instrumento que integra as atividades de registro, acompanhamento e controle das operações de comércio exterior, através de um fluxo único, computadorizado, de informações, cujo processamento é efetuado exclusiva e obrigatoriamente pelo sistema. Esse tópico será tratado com mais detalhes nos capítulos seguintes.

no mercado interno. Cada NCM tem alíquotas diferentes e uma simples alteração, seja para aumentar ou não qualquer porcentagem de impostos, faz muita diferença no valor unitário do produto importado nacionalizado.

Os principais incidentes na importação são o Imposto de Importação (II), o Imposto sobre Produtos Industrializados (IPI), PIS/Pasep-Importação e Cofins-Importação, além do ICMS do estado, que é aplicado de acordo com a NCM. Explicarei detalhadamente a base de cálculo dos principais impostos e taxas incidentes na importação.

## 2.3.1. IMPOSTO DE IMPORTAÇÃO (II)

O imposto de importação pertence à esfera federal, ou seja, somente a união tem poder para alterá-lo. Ele é puramente econômico ou regulatório e tem por finalidade taxar os produtos importados do exterior, a fim de evitar a concorrência desleal com aqueles fabricados no Brasil.

Caso exista acordo comercial com o país de origem da mercadoria, o Imposto de Importação poderá ter benefício de acordo com o estipulado no acordo comercial, lembrando que é necessário o Certificado de Origem para embasá-lo.

O valor aduaneiro, mais conhecido como valor CIF, é a base de cálculo do Imposto de Importação, do PIS/Pasep-Importação e do Cofins-Importação. Trata-se do valor da mercadoria (C=*cost*), o seguro internacional (I=*insurance*) e o frete internacional (F=*freight*). Sua base de cálculo se aplica da seguinte forma:

*Valor CIF (mercadoria + seguro internacional + frete internacional) multiplicado pela alíquota (ad-valorem) do imposto de importação.*

*Valor CIF * II%*

## 2.3.2. IMPOSTO SOBRE PRODUTOS INDUSTRIALIZADOS (IPI)

O Imposto sobre Produtos Industrializados também é um imposto federal e, portanto, de competência da união. Sua cobrança justifica-se na necessidade de equalizar os custos dos produtos importados industrializados em relação aos produzidos no Brasil. Sua base de cálculo se aplica da seguinte forma:
*Valor CIF + II, multiplicado pela alíquota (ad-valorem) do Imposto sobre Produtos Industrializados (IPI).*
*Valor CIF + II * IPI%*

## 2.3.3. PIS-IMPORTAÇÃO E COFINS-IMPORTAÇÃO

O Programa de Integração Social (PIS) e Contribuição para o Financiamento da Seguridade Social (Cofins) são contribuições sociais federais que financiam a seguridade social. Dão tratamento tributário praticamente igualitário aos bens produzidos no Brasil, que sofrem a incidência dessas contribuições, assim como os bens importados.

As alíquotas do PIS e Cofins-Importação, em sua maioria, seguem um padrão, salvo exceções como os produtos automotivos, por exemplo, que têm alíquotas elevadas. As bases de cálculo desses impostos se aplicam da seguinte forma:
*Valor CIF multiplicado pela alíquota (ad-valorem) do PIS*
*Valor CIF * PIS%*
*Valor CIF multiplicado pela alíquota (ad-valorem) do Cofins*
*Valor CIF * Cofins%*

## 2.3.4. ICMS

O Imposto sobre Circulação de Mercadorias e Serviços (ICMS) é de competência estadual e incide tanto nos produtos comercializados no mercado interno quanto nos importados. Na importação, esse imposto é recolhido na nacionalização da mercadoria após a liberação (desembaraço) da Declaração de Importação. Por ser estadual, cada um dos estados tem sua legislação própria. Há os que concedem benefício fiscal automático aos importadores, os que exigem que um tratamento tributário específico seja pleiteado, os que concedem benefício à importação de *ativo imobilizado* e *matéria prima* quando se trata de indústrias e os que postergam o pagamento do ICMS para o momento de entrada ou saída da mercadoria. A base de cálculo mais comum desse imposto se aplica da seguinte forma:

*Valor CIF + II + IPI + PIS + Cofins + taxa Siscomex + despesas aduaneiras; dividido pela alíquota do estado por dentro (exemplo: 0,82 quando 18% de ICMS e 0,83 quando 17%) chegará à base de cálculo multiplicada pela alíquota (ad-valorem) do ICMS do estado.*

*Valor CIF + II + IPI + PIS + Cofins + Taxa Siscomex + despesas aduaneiras = total / 0,82 ou 0,83 * alíquota do ICMS.*

Por se tratar de um tributo estadual, sugiro que seu despachante aduaneiro e seu contador sejam consultados para verificar a base de cálculo do ICMS estipulada pelo seu estado e a possibilidade de usufruir de algum tipo de benefício fiscal regional.

## 2.4. Taxa Siscomex

A taxa de utilização do Siscomex é recolhida com os impostos e contribuições mencionados anteriormente e tem por objetivo financiar a manutenção e melhoria do sistema. Seu valor varia de acordo com o número de adições, que explicarei com mais detalhes no capítulo "Se envolva com a operação".

Esses são os principais impostos e contribuições federais sobre a importação. São recolhidos automaticamente no registro da Declaração de Importação e debitados da conta corrente informada no Siscomex, podendo ser do importador ou do despachante aduaneiro. Há outros impostos federais, estaduais e contribuições aplicados à importação ou em produtos específicos, como na importação de combustível, em que há incidência da CIDE, no direito *antidumping*, salvaguarda e em medidas compensatórias incidentes em determinados produtos.

## 2.5. AFRMM

O Adicional ao Frete da Renovação da Marinha Mercante (AFRMM) é uma contribuição para o desenvolvimento da Marinha Mercante e da indústria de construção e reparação naval brasileira. Essa taxa é cobrada nas importações marítimas e deve ser recolhida antes da retirada da mercadoria da zona alfandegária, via Sistema da Marinha Mercante. A taxa incidente é de 25% sobre o valor do frete internacional mais a taxa de utilização do sistema, salvo em algumas exceções em que é possível obter suspensão do AFRMM. Esse tributo será mais bem explorado no capítulo "Concentre-se na sua operação".

## 2.6. Radar-Siscomex

Quando habilitamos a empresa para realizar importações diretamente, chamamos a habilitação de Radar-Siscomex. Atualmente, há três submodalidades de radar: a Expressa, Limitada e Ilimitada. A legislação que estabelece seus procedimentos é a Instrução Normativa RFB N° 1603 de 2015, retificada pela Instrução Normativa RFB N° 1676 de 2016.

### 2.6.1. EXPRESSA

Esse subtipo permite que o importador importe semestralmente a quantia de USD 50.000,00 dólares/CIF. Isso significa que ele pode importar essa quantia de mercadoria, frete internacional e seguro internacional. Seu deferimento é rápido, pois há somente uma análise documental superficial efetuada pela Receita Federal. Caso importe uma quantia que extrapole este valor, não será possível entrar com a nacionalização da mercadoria, ou seja, registrar a Declaração de Importação até que tenha esse limite liberado no Siscomex. Esta submodalidade é aplicável principalmente no caso de:

- pessoa jurídica que pretenda realizar operações de exportação sem limite de valores e de importação, cujo somatório dos valores, em cada período consecutivo de seis meses, seja inferior ou igual a USD 50.000,00 (cinquenta mil dólares dos Estados Unidos da América);
- mas aplica-se também para pessoa jurídica constituída sob a forma de Sociedade Anônima de capital aberto, com ações negociadas em bolsa de valores ou no mercado de balcão, bem como suas subsidiárias integrais;
- pessoa jurídica certificada como Operador Econômico Autorizado;
- empresa pública ou sociedade de economia mista;
- órgão da administração pública direta, autarquia e fundação pública, órgão público autônomo, organismo internacional e outras instituições extraterritoriais.

Para as empresas e órgãos mencionados acima, o limite da habilitação expressa será definido acima dos USD 50.000,00 dólares, diferente do aplicado a importadores de pequena monta.

2.6.2. LIMITADA

Essa habilitação permite que o importador traga para o país, semestralmente, a quantia de USD 150.000,00 dólares/CIF. Para que esse Radar seja deferido, caso sua empresa nunca tenha sido habilitada anteriormente, deve-se dar entrada com um pedido de habilitação. A Receita Federal fará uma análise profunda dos documentos apresentados e das informações obtidas pelo seu próprio sistema. Se o auditor fiscal julgar necessário, ele poderá solicitar mais documentos e explicações para que você tenha seu pedido deferido.

Por se tratar de uma análise mais criteriosa, o deferimento ou indeferimento levará mais tempo que no caso da habilitação Expressa. Considerando que você seguirá à risca nossas dicas mencionadas na constituição da empresa, com certeza terá o Radar deferido.

A submodalidade Limitada aplica-se à pessoa jurídica cuja capacidade financeira comporte operações de importação às quais a soma dos valores, em cada período consecutivo de seis meses, seja superior a USD 50.000,00 (cinquenta mil dólares dos Estados Unidos da América) e igual ou inferior a USD 150.000,00 (cento e cinquenta mil dólares dos Estados Unidos da América).

## 2.6.3. ILIMITADA

A habilitação Ilimitada permite que o importador importe sem limites, desde que os valores coincidam com a capacidade financeira da empresa. Significa poder importar a quantia que desejar, sem interrupção por parte do Siscomex. Porém, a Receita Federal poderá solicitar documentos contábeis, financeiros e fiscais a qualquer momento para comprovar sua capacidade financeira. Dessa forma, é de extrema importância que, independentemente do Radar que sua empresa tenha, toda a organização, procedimentos e controle sejam feitos adequadamente para garantir sua saúde financeira e administrativa perante o mercado, a Receita Federal e demais órgãos. Da mesma maneira que o Radar limitado, durante a análise desse pleito nessa submodalidade, o auditor fiscal poderá solicitar mais documentos e explicações para deferir o Radar.

Atualmente, está cada dia mais difícil obter essa habilitação, pois o sistema da Receita Federal realiza o cálculo de estimativa conforme estabelecido na Portaria Coana N° 123/2015. Abaixo um exemplo de cálculo realizado pelo sistema da Receita Federal durante a análise preliminar:

| 2. Cálculo de estimativa | Base legal cfe ADE 123/2015 | Valor |
|---|---|---|
| 2.1 - Recolhimentos de IRPJ, CSLL, PIS e Cofins | art. 4°, I | R$ 109.194,93 |
| 2.2 - Recolhimentos previdenciários | art. 4°, II | R$ 292.046,93 |
| 2.3 - Cotação média do dólar (R$/US$) | | R$ 2.295,80 |
| 2.4 - Estimativa da capacidade financeira em US$ | art. 4°, par. 1° | US$ 127.209,09 |

Caso a estimativa da capacidade financeira seja menor do que USD 150.000,00, o auditor fiscal responsável pela análise do seu pedido de Radar solicitará documentos que comprovem sua capacidade financeira. Se não for possível provar, seu pleito de Radar será indeferido; porém, se sua empresa possuir alguma das outras submodalidades, você permanecerá com o Radar anterior ao pleito.

Abaixo vemos um quadro de como funciona o controle do limite do Radar. Ele é efetuado através dos valores do CIF informados na Declaração de Importação e cujo início do controle do saldo é dado a partir do registro da DI:

| LIMITE USD 50.000,00 - Dólares/CIF | | | | | | | |
|---|---|---|---|---|---|---|---|
| JANEIRO (1) | FEVEREIRO (2) | MARÇO (3) | ABRIL (4) | MAIO (5) | JUNHO (6) | JULHO (7) | AGOSTO (8) |
| USD 15.000,00 | — | USD 10.000,00 | USD 12.500,00 | USD 11.500,00 | — | — | USD 15.000,00 |

| LIMITE USD 150.000,00 - Dólares/CIF | | | | | | | |
|---|---|---|---|---|---|---|---|
| ABRIL (4) | MAIO (5) | JUNHO (6) | JULHO (7) | AGOSTO (8) | SETEMBRO (9) | OUTUBRO (10) | NOVEMBRO (11) |
| USD 55.000,00 | — | USD 45.000,00 | — | USD 27.500,00 | — | USD 21.500,00 | USD 55.000,00 |

Caso esteja enquadrado na habilitação Expressa ou Limitada, é de extrema importância que haja o controle desse limite. Sugiro que seja feito com uma planilha no Excel em que, a cada Declaração de Importação registrada, seja informado o número, data e valor CIF. Antes de realizar qualquer pedido junto ao exportador, verifique seu limite de Radar. Esse controle pode ser feito por você ou pelo seu despachante aduaneiro, desde que negociem esta tarefa previamente. É comum chegar mercadorias nos aeroportos e portos brasileiros e, no ato do registro da Declaração de Importação, constatar-se a falta de limite do Radar; isso gera atraso na liberação da mercadoria e custos de armazenagem, *demurrage*, entre outras taxas desnecessárias.

## 2.7. Revisão de estimativa

Se sua primeira habilitação for da submodalidade Expressa, e deseje alterar para Limitada ou Ilimitada, é necessário apresentar novamente todos os documentos à Receita Federal, conforme Instrução Normativa RFB N° 1603/2015 retificada pela Instrução Normativa RFB N° 1676 de 2016.

No requerimento de habilitação, mencione que deseja a revisão estimativa do seu Radar-Siscomex, assim a Receita Federal fará a análise devidamente. Por mais que tenha a habilitação Expressa deferida, isso não é garantia de que as demais submodalidades também serão, por isso é importante que, na constituição da empresa, a integralização de capital tenha sido feita corretamente e este seja de origem lícita. Muitos pedidos de Radar Limitado e Ilimitado estão sendo indeferidos pela falta de documentos corretos. Com isso, os importadores ficam limitados, prejudicando o faturamento da empresa e suas atividades futuras.

## 2.8. Certificação Digital

O Certificado Digital é uma assinatura virtual, com validade jurídica, que garante proteção às transações eletrônicas e a outros serviços via internet. Permite, assim, que pessoas e empresas se identifiquem, acessem e assinem digitalmente qualquer documento ou website que o exija para validação. Há diversos tipos de certificados digitais e os mais utilizados pelos importadores são o e-CPF e o e-CNPJ.

Há dois modelos de e-CPF e e-CNPJ: o A1 e o A3. O que difere um do outro é que o primeiro é válido por um ano e é armazenado no computador que pleiteou o certificado digital perante a Certificadora, por isso é importante realizar um *backup*; já o A3 tem a opção de validade de 1 a 3 anos e seu armazenamento é externo, em *token* ou cartão eletrônico. Dessa forma, o *backup* e o armazenamento do *token* ou cartão eletrônico devem estar em locais seguros, com senhas devidamente guardadas e livre acesso quando necessário. É comum solicitarmos aos importadores a realização do cadastro dos despachantes no Radar ou procuração eletrônica e eles desconhecerem onde armazenaram os certificados digitais citados.

Os certificados digitais poderão ser adquiridos pelas Certificadoras Serasa Experian, Assine Digital, Correios, entre outras disponíveis no mercado.

### 2.8.1. CERTIFICADO DIGITAL E-CPF

Após deferimento do Radar, independentemente da submodalidade pleiteada, é necessário o uso do Certificado Digital e-CPF para que o importador possa realizar o cadastramento dos despachantes aduaneiros. Deve ser em nome do responsável legal da empresa que assinou o requerimento de habilitação no pleito do Radar-Siscomex. Não é possível acessar o Radar através do e-CNPJ.

## 2.8.2. CERTIFICADO DIGITAL E-CNPJ

Esse certificado digital é utilizado para a emissão de nota fiscal eletrônica, acesso ao Centro Virtual de Atendimento da Receita Federal (e-CAC), emissão de Conhecimento de Transporte Eletrônico (CT-e), assinatura em escrituração contábil ou fiscal caso necessário, assinatura em contratos de câmbio, realização de registros no SISCOSERV, realização de procuração eletrônica quando necessário entre outras atividades.

## 2.9. Modalidades de importação

Importação é o processo de ingresso de mercadoria estrangeira no território nacional. Para que possa ser comercializada ou utilizada no mercado interno, ela deve ser nacionalizada, através do processo de desembaraço aduaneiro e do recolhimento dos impostos federais e estaduais exigidos pela legislação.

As principais modalidades de importação são a simplificada, a direta, a por conta e ordem e por encomenda, que veremos abaixo.

### 2.9.1. IMPORTAÇÃO SIMPLIFICADA

A importação simplificada, também conhecida como informal, é utilizada majoritariamente em produtos através de remessa postal (correios) ou de empresas *courier* (DHL, FEDEX, TNT, UPS etc.), com valores de até USD 3.000,00 dólares ou o equivalente em outra moeda. Nesse caso, o recolhimento dos impostos é efetuado pela empresa que faz o transporte do produto e cobrado do importador posteriormente. Há situações em que, por falta de documentos ou por outro motivo, na análise da entrada do produto efetuada pelo auditor fiscal da Receita Federal, este descaracteriza aquela remessa; assim, para que a mercadoria seja liberada, será necessário nacionalizá-la, como uma importação formal, e para isso o importador deverá ter habilitação no Radar-Siscomex. Se não possuir habilitação, deverá providenciar e contratar um despachante aduaneiro ou comissária de despachos para que entre com a liberação o quanto antes, em um prazo de até 90 dias. Vale ressaltar que, independentemente do frete internacional a ser pago na origem (*prepaid*) ou no Brasil (*collect*), ele sempre fará parte da base de cálculo dos impostos (Valor CIF).

Há dois momentos em que a mercadoria poderá ser apreendida pela Receita Federal, o que chamamos de perdimento: por subfaturamento do seu valor ou por exceder o prazo de 90 dias após a chegada ao aeroporto brasileiro. A liberação é efetuada mediante registro de Declaração Simplificada de Importação ou Declaração de Importação. Os impostos serão recolhidos conforme determinado pela classificação fiscal do produto, e o tratamento administrativo seguirá o padrão de uma importação direta. Assim, caso o produto a ser nacionalizado tenha necessidade de Licenciamento de Importação não automático com restrição de embarque, será necessário providenciá-lo e o seu deferimento pelo órgão anuente também, para que o registro da DSI ou DI ocorra. No caso, será aplicada multa por Licenciamento de Importação deferido após embarque da mercadoria.

### 2.9.1.1. Amostras

Quando o importador ou potencial está em processo de desenvolvimento de fornecedor, é comum solicitar amostras para análise da qualidade e outras características do produto, em especial para os estrangeiros. Dependendo do valor agregado, o fornecedor geralmente tem cota para despachar o produto ao Brasil sem cobrar o custo das amostras (sem cobertura cambial). Caso contrário, o pagamento da mercadoria deverá ser realizado normalmente (com cobertura cambial), sendo que o custo do frete internacional e os impostos são por conta do importador e serão tributados quando as amostras chegarem ao Brasil. Assim, durante a negociação, ao solicitar amostras, o importador deverá perguntar ao fornecedor se haverá custo ou não; se não houver, deverá verificar o custo do frete em empresas de transporte internacional expresso, mais conhecidas como *courier*. Depois de realizada a cotação com essas empresas, o importador poderá abrir uma conta com elas e fornecer seu número ao fornecedor, para que ele contate o agente de cargas na origem e solicite a coleta e embarque ao Brasil. Caso o volume não justifique uma abertura de conta, sugiro pedir para que utilize a conta do fornecedor e o pagamento desse custo de transporte seja realizado diretamente a ele.

Há também a possibilidade de envio das amostras através do serviço postal do país de origem, mais conhecido como EMS. Toda vez que o fornecedor informar o envio por EMS, significa que ele utilizou o serviço postal do país, costumeiramente público, e que a amostra chegará ao Brasil através dos correios.

As empresas *courier* têm custo de transporte internacional mais alto que os correios, porém são muito mais ágeis e o importador consegue informações a todo o momento, seja pelo número de rastreamento através do website da companhia, seja pelo telefone 0800. Já os correios têm custo menor, porém o rastreamento limitado e as informações por contato telefônico são precárias. Ambas as modalidades realizam o serviço porta a porta, também conhecido como *door to door*.

Quando as amostras passam pela Receita Federal, na chegada ao aeroporto de Viracopos ou Guarulhos (ambos são bases das companhias *courier* no Brasil), haverá a tributação automática de 60% de impostos federais e 18% de ICMS para aquelas com valor abaixo de USD 3000,00 dólares/CIF. Utilizando empresas *courier*, elas realizam o pagamento à Receita Federal e Estadual e repassam a cobrança via boleto ao importador durante a entrega da mercadoria.

Com o aumento da inadimplência dos importadores perante essas empresas, muitas delas estão contatando-os previamente para que possam realizar o envio do boleto com o custo dos impostos e a entrega física da mercadoria será somente após o recebimento do pagamento. Em caso de utilização de sua conta, o custo do frete internacional será faturado e cobrado no vencimento da fatura.

Os documentos que devem acompanhar as amostras são basicamente os mesmos de uma importação formal. O conhecimento de embarque nesse caso, por se tratar de embarque aéreo, será através do AWB (*Air Way Bill*, ou seja, Conhecimento de Embarque Aéreo). A fatura comercial deverá indicar se houve cobertura cambial ou não (pagamento ou não da mercadoria). Assim como o *packing list*, todos esses documentos deverão estar assinados pelo exportador; são esses que o auditor fiscal da Receita Federal utilizará para tributar os impostos devidos. Caso o fiscal desconfie do valor informado, ele poderá solicitar documentos comprobatórios; e, se a irregularidade for confirmada, tomará as providências cabíveis, conforme o regulamento aduaneiro.

Para importações de produtos que necessitam de anuência da Anvisa, Ministério da Agricultura e demais órgãos, sugiro que os contate antes de autorizar o embarque ao exportador, a fim de verificar o procedimento a ser adotado para liberar a mercadoria na chegada ao Brasil.

A importação de amostras deve ser tratada como um investimento. Diariamente ouvimos reclamações de importadores querendo viabilizar a importação de amostras, comparando o valor do seu investimento com o produto importado em grande quantidade.

### 2.9.2. IMPORTAÇÃO DIRETA

A importação direta, também conhecida como importação formal ou importação própria, é aquela realizada por uma pessoa jurídica, habilitada pela Receita Federal (Radar-Siscomex). Ele é o responsável pelo ingresso e nacionalização da mercadoria em nome de sua própria empresa importadora, pelos recursos financeiros, produto, garantia, informações e por toda e qualquer ação administrativa e jurídica que envolve a operação. Sendo assim, em todos os documentos, como conhecimento de embarque, fatura comercial, romaneio de cargas e Declaração de Importação, constarão somente os dados da importadora, podendo ser uma empresa de comércio, indústria e até mesmo prestadora de serviços.

Essa modalidade possui algumas vantagens, como maior controle da operação, contato direto com os fornecedores, menor custo com importação, contratação direta dos prestadores de serviços e mais flexibilidade na tomada de decisões.

Antes de mais nada deve-se observar se haverá Licenciamento de Importação automático ou não para a operação, a fim de evitar penalidades e atrasos na liberação. A tributação aplicada ocorre conforme a classificação fiscal (NCM) de cada produto importado, que será informada na Declaração de Importação durante o registro da mesma. Os impostos federais podem ser debitados da conta corrente, tanto do importador quanto do despachante aduaneiro. O uso de recursos próprios para a compra da mercadoria e pagamento das despesas e impostos é de extrema importância; caso deseje utilizar recursos de terceiros, é necessário observar

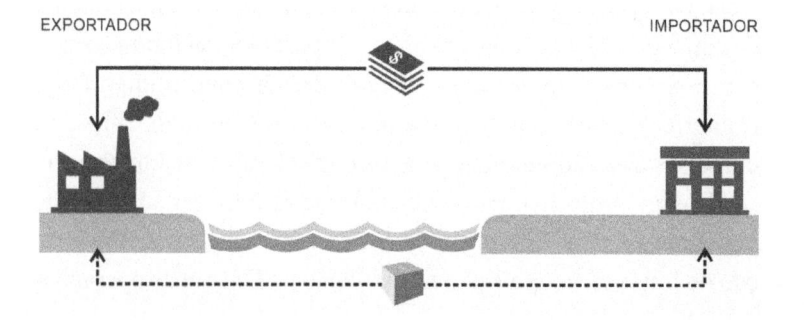

EXPORTADOR                                              IMPORTADOR

as duas modalidades que discutiremos a seguir. Cumpre ressaltar que na importação direta é vedado o uso de recursos financeiros de terceiros e ocultar isso faz com que o importador sofra sanções graves, administrativa e criminalmente.

## 2.9.3. IMPORTAÇÃO POR CONTA E ORDEM

A importação por conta e ordem, também chamada de importação terceirizada, entrou em vigor em 2002, através da Instrução Normativa RFB N° 225.

Ela surgiu pois cada vez mais as organizações vêm optando por focar no seu objeto principal, terceirizando as atividades-meio do seu negócio. Por isso, surgiram no mercado diversas comerciais importadoras, também conhecidas como *trading*, que realizam esse tipo de prestação de serviço e promovem em seu nome a nacionalização da mercadoria adquirida por outra empresa, denominada adquirente. Para que essa operação possa ocorrer regularmente, é necessário que tanto uma quanto a outra estejam habilitadas perante a Receita Federal e que um acordo seja firmado entre elas, anexando contrato social, certidão simplificada da junta comercial e cópia dos documentos pessoais dos responsáveis legais. Em seguida, eles deverão ser protocolados na Receita Federal da jurisdição do adquirente, para que os CNPJs sejam vinculados.

Dessa maneira, a importadora estará apta a realizar a importação por conta e ordem. Para efeito documental, o conhecimento de carga deverá estar consignado ao importador, na fatura comercial e no romaneio de carga, deverá constar tanto o importador (*importer*) quanto o adquirente (*buyer*). Os CNPJs de ambas as empresas deverão ser mencionados na declaração de importação.

É importante sempre mencionar que se trata de "importação por conta e ordem" nas informações complementares da Declaração de Importação, pois não há distinção na DI com as operações por encomenda que veremos a seguir. Com a menção, deixa-se transparente o tipo de importação para o auditor fiscal que analisará a DI, em caso de algum canal diferente do verde, ou de qualquer outro profissional que tenha acesso a ela. A operação cambial para pagamento desse tipo de importação poderá ser realizada no nome da importadora ou do adquirente, conforme estabelece o Regulamento do Mercado de Câmbio e Capitais Internacionais (RMCCI) do Banco Central do Brasil. Porém, tanto a origem do capital quanto o limite do Radar utilizado nessa operação serão do adquirente.

As vantagens de terceirizar a importação estão no poder de barganha da *trading* perante os agentes de cargas, terminais, transportadoras etc., além de usufruir do *know-how* da importadora e do benefício fiscal do seu estado. Sugiro que, antes da contratação da importadora, seja verificada a idoneidade da mesma e haja a pesquisa sobre a possibilidade do estado onde o adquirente se encontra glosar (rejeitar) o repasse do benefício do ICMS, conforme veremos com mais detalhes no capítulo "Calcule, mas arrisque".

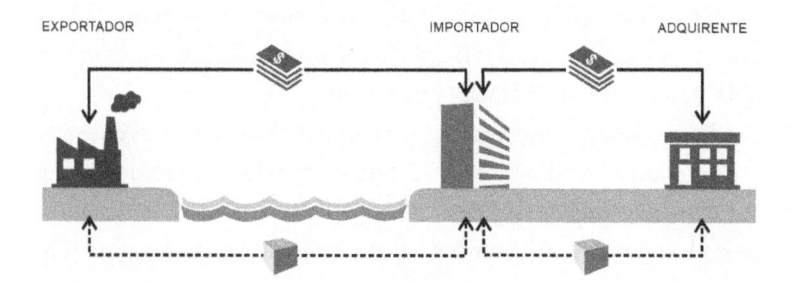

Após a nacionalização da mercadoria, o importador emitirá uma nota fiscal de entrada e evidenciará, em seus registros fiscais e contábeis, que são mercadorias de propriedade de terceiro. Em seguida, a nota fiscal de saída, também conhecida como de remessa, poderá ser emitida ao adquirente a qualquer momento, podendo ser da quantidade integral ou fracionada da importação. A partir daí o adquirente destinará a mercadoria da maneira que desejar, seja para revenda, industrialização ou uso próprio. O honorário da importadora será recebido mediante a emissão de nota fiscal de serviço. O repasse de créditos tributários da importadora ao adquirente funcionará normalmente; em sua maioria, os importadores estão enquadrados no Lucro Real, havendo repasse integral do IPI, PIS, Cofins e ICMS.

## 2.9.4. IMPORTAÇÃO POR ENCOMENDA

A importação por encomenda tem com base legal a Instrução Normativa RFB N° 634 de 2006 e ocorre quando uma empresa encomendante predeterminada, interessada em adquirir certa mercadoria, contrata uma comercial importadora/trading, para que essa, com recursos próprios, providencie a importação da mercadoria e a revenda à encomendante. Nessa modalidade, a *trading* é a real importadora e, da mesma forma que a importação por conta e ordem, é necessário que ambas as empresas estejam habilitadas (Radar) perante a Receita Federal e que um contrato de importação por encomenda seja firmado entre ambas para que possa ocorrer regularmente. O encomendante deverá analisar cláusula por cláusula e o possível repasse do aumento da moeda estrangeira, anexando os mesmos documentos necessários para a modalidade de Importação por Conta e Ordem e os protocolando perante a Receita da jurisdição mais próxima do importador. Da mesma forma como dissemos no item anterior, se tudo estiver correto, os CNPJs serão vinculados. Assim, a importadora estará apta a realizar a importação por encomenda.

Para efeito documental, o conhecimento de carga deverá estar consignado ao importador, na fatura comercial e no romaneio de carga, sendo que nesses dois últimos deverá constar tanto o importador (*importer*) quanto o encomendante (*orderer*). Por fim, os CNPJs de ambas as empresas deverão ser mencionados na declaração de importação.

É importante sempre mencionar que se trata de importação por encomenda nas informações complementares da Declaração de Importação, pois o mesmo campo do adquirente é utilizado pelo encomendante. A operação cambial para pagamento dessa modalidade deverá ser realizada pela importadora, pois a mesma utilizará recursos próprios e o seu limite do Radar.

A principal vantagem de importar por encomenda se dá pela oportunidade de utilizar recursos financeiros da importadora, fazendo com que o encomendante tenha mais fôlego em seu fluxo de caixa. Porém, é comum que as importadoras realizem uma análise de crédito do encomendante ou solicitem alguma garantia antes de firmar esse tipo de contrato.

Após a nacionalização da mercadoria, o importador emitirá uma nota fiscal de entrada e a de saída ao encomendante, com sua margem de lucro já agregada ao produto. A nota fiscal de saída poderá ser da quantidade integral ou fracionada da importação e, sobre ela serão tributados os impostos federais (IPI, PIS, Cofins, IRPJ e CSLL) e estaduais (ICMS e ST, se houver). O repasse de créditos tributários da importadora ao encomendante funcionará de acordo com o enquadramento da primeira.

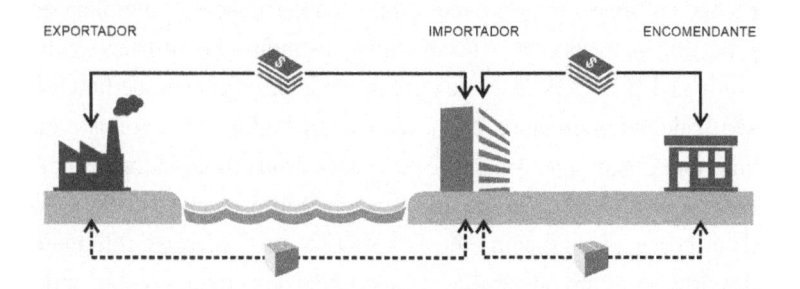

## 2.10. Interposição fraudulenta

A interposição fraudulenta de pessoas na importação é um assunto muito complexo para os importadores e prestadores de serviço. Muitos desconhecem o assunto e, na qualidade de despachantes aduaneiros, os prestadores de serviços não têm o conhecimento das práticas administrativas e financeiras realizadas internamente pelas importadoras; dessa forma, ficam de mãos atadas para transmitir as devidas orientações conforme as modalidades de importação explicadas anteriormente.

Interposição fraudulenta de pessoas nada mais é do que realizar operações de importação cujos recursos financeiros empregados não são do importador informado na operação, ocultando-se o real adquirente da mercadoria. Também se caracteriza pelo uso de recursos financeiros ilícitos.

É comum que empresas que não conseguem obter o Radar, ou cujo limite obtido não consiga atender à sua real demanda, busquem importadores para realizarem suas transações. Dessa forma, utilizam subterfúgios para permanecer atuando no mercado.

Porém, qualquer operação realizada fora da modalidade de importação correta, ou que demonstre incompatibilidade entre os volumes transacionados e a capacidade financeira e econômica, poderá sofrer verificação pela Receita Federal a qualquer momento, durante ou após a liberação da mercadoria. Essa verificação é chamada de *procedimento especial de fiscalização*, instituída pela Instrução Normativa RFB N° 228 de 21 de outubro de 2002. Nesse procedimento são solicitados diversos documentos das importações atuais e/ou anteriores, tais como e-mails de negociação entre importador e exportador, extratos bancários da importadora, comprovante e declaração de importação, conhecimento de carga, fatura comercial, romaneio de carga, contrato de câmbio, notas fiscais de entrada e saída, entre outros. O auditor fiscal responsável por analisar esse procedimento nunca julgará com achismo, utilizando os documentos apresentados pelo próprio importador para comprovar a irregularidade.

Constatada qualquer irregularidade que comprove a interposição fraudulenta, tanto o importador quanto o real adquirente sofrerão as penas cabíveis na lei, respondendo tanto administrativa quanto criminalmente, o que pode comprometer a atividade comercial da empresa.

Dessa forma, sugiro que consulte seu despachante aduaneiro ou advogado antes de realizar qualquer movimentação duvidosa, para que tenha as devidas orientações quanto ao melhor enquadramento entre as modalidades de importação, assim evitando fiscalizações e irregularidades. Como sempre comentamos com os importadores, não tem como fazer a coisa errada do jeito certo.

## 2.11. Subfaturamento

Diante da alta carga tributária envolvida na importação e tendo como principal base de cálculo dos impostos o valor CIF (mercadoria + seguro internacional + frete internacional), o valor da mercadoria influencia diretamente nos impostos recolhidos na importação. Dessa forma, o subfaturamento é um ponto que o importador deve levar em consideração e entender que não pode ser praticado de maneira alguma.

Ele consiste em inserir dados falsos, reduzindo o valor da mercadoria nos documentos indicativos da compra (fatura proforma, comercial, contrato de câmbio e declaração de importação). Consequentemente, o valor reduzido permite que a base de cálculo do imposto diminua, assim como seu recolhimento, sendo que o preço real pago pelas mercadorias é maior do que o informado nos documentos da importação.

Não podemos confundir subfaturamento com desconto. Todo e qualquer desconto concedido em uma negociação deve ser declarado na fatura comercial, para evitar que a Receita Federal entenda a redução como fraude.

O subfaturamento, além de ser fraude, é antiético e causa graves danos aos cofres públicos. É também predatório e desleal com a concorrência que realiza as importações corretamente. Ademais, já foi comprovado que essa manobra é um artifício para importadores que pensam pequeno, pois quanto mais reduzida a base de cálculo dos impostos na entrada, menor o crédito de impostos (para empresas no Lucro Presumido e Real) e maior a tributação na saída.

Importadores que utilizam esse subterfúgio têm a atividade comercial de sua empresa curta. Podem até achar que são espertos em algum momento, mas a Receita Federal é muito mais, diante das ferramentas internas, estatísticas através da NCM, exportador, fabricante e origem que possui para combater esse tipo de ilicitude.

Dessa forma, para os importadores que atuam dentro da lei, sugiro que todo e qualquer e-mail de negociação, viagens internacionais, demais documentos comprobatórios do valor negociado e documentos da importação sejam muito bem arquivados, para que a idoneidade da importadora seja comprovada perante o fisco em caso de fiscalização pela Receita Federal. Constatando-se subfaturamento, o importador sofrerá as penas cabíveis na lei, tanto no âmbito administrativo quanto no penal.

# 3° passo
# Conheça seus fornecedores

*"Oportunidades não surgem.
É você que as cria"*
Chris Grosser

## 3. RELACIONAMENTOS INTERPESSOAIS

Com a globalização e o advento da tecnologia, acreditávamos que em algum momento o relacionamento interpessoal seria substituído pela máquina e deixaria de ser necessário, principalmente no mundo corporativo. Porém, essa crença caiu por terra quando foram analisadas estatísticas de negociações por pessoas e por computadores e o resultado do ser humano foi muito superior. Dessa forma, constatamos que nada substitui a arte do relacionamento interpessoal, o cara a cara, a abordagem, o contato físico. Através da empatia, seja pessoalmente, por e-mail, por Skype ou WhatsApp, a conexão criada entre os indivíduos é o que fortalece os negócios no mundo todo. Toda e qualquer transação realizada hoje ocorre através do relacionamento, mesmo que sua formalização seja feita por máquinas. Isso não deixa de ser diferente entre exportador e importador. É possível executar muitos tipos de negociação dessa forma, conforme veremos a seguir.

## 3.1. Negociação internacional

Negociar é uma ação diária e inevitável em nossas vidas. O objetivo é alcançar a harmonia entre as partes, no lugar de enfrentamento. Hoje em dia, o tipo de negociação entre vendedor e comprador é o de "ganha-ganha", em que ambas as partes se satisfazem com o resultado final alcançado, gerando parcerias duradouras e ótimos relacionamentos.

A negociação internacional é muito mais do que simplesmente fazer negócios. É socializar, conhecer, entender e buscar conhecimentos e pontos mútuos entre culturas. Na importação isso não é diferente. Um dos pilares mais importantes na gestão de custos é a negociação, que, sendo bem executada e definida, dará origem às oportunidades de importação. Para isso, é aconselhável haver o domínio de técnicas de negociação e que sejam conhecidos os fatores regionais e culturais do país com quem você vai negociar ou negocia.

### 3.1.1. NEGOCIANDO POR E-MAIL

Uma das ferramentas mais utilizada na negociação é a troca de e-mails. Por mais que você tenha conhecido o fornecedor pessoalmente, os próximos contatos serão basicamente por e-mail ou telefone, e o idioma que será mais utilizado é o inglês. Sabemos que muitas vezes o receptor não o tem como língua materna, criando a necessidade de uma comunicação clara, com linguagem simples e acessível. É importante verificar se o receptor está entendendo o que o comprador quer dizer; caso perceba que não, explique de outra maneira e questione-o quanto à compreensão.

É importante tomar muito cuidado com a escrita dos e-mails. Como um e-mail não demonstra emoção, ser muito direto pode soar mal para o destinatário. Antes de fazer o envio, leia, releia e se coloque no papel do receptor para verificar se sua mensagem está compreensível. Atualmente, os e-mails podem ser utilizados como documentos, então os mais importantes podem ser salvos dentro de alguma pasta para possibilitar o acesso sempre que necessário.

Sempre dizemos aos clientes para pensarem como o *telefone sem fio*. Imagine que um e-mail muito superficial e sem clareza foi redigido e enviado ao gerente de exportação com quem o importador vem negociando. Nesse e-mail estava a formalização do pedido, porém alguns pontos importantes não foram estabelecidos e ficaram pendentes. Da mesma maneira que o gerente de exportação o recebeu, ele será enviado ao gerente da produção, que fará o cronograma do processo e seguirá as diretrizes estabelecidas na mensagem. Assim, se o e-mail não esclareceu bem o que foi solicitado, a chance de erro na produção será enorme, gerando prejuízos tanto ao fornecedor quanto ao importador. Algumas dicas para redigir um e-mail:

- Informe no espaço "Assunto" o número de referência ou pedido que está sendo tratado.
- Limite-o a apenas um assunto.
- Comece cumprimentando o receptor.
- Faça uma introdução informando o seu objetivo.
- Estabeleça as diretrizes que o receptor deverá seguir quando se tratar de um pedido de compra ou de algo que precisa ser esclarecido.
- Finalize com uma saudação, dizendo que está à disposição para qualquer explicação e que aguarda retorno e/ou confirmação de recebimento da mensagem.
- Leia e releia o e-mail, verificando se está compreensível.
- Realize o envio (caso queira, selecione a opção no seu gerenciador de e-mail para confirmar a entrega ao receptor).

Este roteiro parece ser algo básico e deveria ser seguido por todos os negociadores, porém é utilizado por poucos. Muitas vezes, os e-mails enviados só são analisados após acontecer algum desentendimento, para detectar onde ocorreu o erro ou falta de clareza na comunicação. Sendo assim, devemos usufruir desse roteiro para que tenhamos êxito e sucesso em nossas negociações.

## 3.1.2. NEGOCIANDO PESSOALMENTE

Geralmente, a negociação pessoal é praticada nos primeiros contatos realizados com o fornecedor, em feiras no Brasil, no exterior, em visitas técnicas, em reuniões para tratar de vendas, em renovações de contratos, entre outras atividades. Grande parte das negociações é efetuada por e-mail, porém é na negociação pessoal que se cria um relacionamento e conexão com o fornecedor.

Cada país possui uma cultura diferente, desde a vestimenta até a forma de tratamento. Dessa forma, planejar-se para uma negociação pessoal é importante para evitar o choque cultural. Também é relevante conhecer o ambiente político e econômico em que o fornecedor se encontra, para que as metas estabelecidas sejam alcançadas. Abaixo alguns fatores a serem planejados previamente e executados durante a reunião de negociação:

- Presentes – para quebrar o gelo, leve uma lembrança do Brasil ou da importadora, algo básico, mas que agrade todas as culturas.
- Apresentação – cartões de visitas (de preferência bilíngues) e, se possível, apresentação e portfólio da empresa em inglês.
- Ritmo da Negociação – alguns países levam em consideração toda a formalidade, tornando a negociação lenta, outros preferem ir direto ao assunto.
- Almoços e Jantares – caso não tenha conhecimento dos hábitos do país, siga os colegas que estão à mesa.
- Pontualidade – sempre chegue alguns minutos antes ou no horário, nunca se atrase. Países latinos têm mais flexibilidade quanto a atrasos, mas ser pontual demonstra respeito e interesse pelo negócio.
- Emocional – mantenha controle sobre as emoções, domine a ansiedade e seja paciente.

- Gestos e Linguagem Corporal – faça contato visual adequado quando se dirigirem a você e se levante ao ser apresentado a alguém.
- Vestimenta – esteja sempre bem vestido e com a higiene pessoal em dia.
- Tradutor/Intérprete – caso esteja com algum intérprete, sempre direcione seu olhar para quem você realmente está se dirigindo enquanto fala, para que o receptor tenha conhecimento de que a tradução a seguir é para ele.

O ditado que diz que "a primeira impressão é a que fica" não deixa de ser verdadeiro na negociação internacional. Deixando o fornecedor com uma boa impressão sobre o profissional e a empresa, meio caminho da negociação estará andado e será uma questão de poucos ajustes para o negócio acontecer. No subcapítulo "Feiras internacionais no exterior", há algumas perguntas importantes a serem realizadas na feira ou na negociação pessoal.

Usemos como exemplo a China. A cultura chinesa tem como hábito levar os compradores para almoçar ou jantar. Como não estamos acostumados à comida típica chinesa, ficamos com receio de experimentar os pratos apresentados. Porém, aceitar o almoço ou jantar é de extrema relevância para realizar um bom negócio, pois eles querem agradar de todos os modos. Caso não se sinta à vontade para experimentar os pratos, sugiro que não aceite o convite de ir ao restaurante, a fim de evitar qualquer tipo de constrangimento. Outro ponto é que os chineses costumam ter muita dificuldade para falar "não". Assim, cuidado quando negociar o preço dos produtos, pois eles o abaixarão se muito pressionados, o que pode comprometer a qualidade dos produtos e, consequentemente, prejudicar o importador.

## 3.2. Desenvolvimento de fornecedor

Por conta da modernidade e tecnologia atual, desenvolver um fornecedor estrangeiro não é uma tarefa tão árdua como antigamente. Porém, como qualquer outra atividade, exige atenção, preparo e atitude para alcançar bons fornecedores e criar relacionamentos duradouros, podendo ingressar com segurança nesse ramo de importação. Falar inglês, espanhol ou qualquer outra língua não é mais um bicho de sete cabeças. Hoje é possível contratar intérpretes e existem diversas outras maneiras de conseguir fornecedores no exterior, através da internet, de feiras internacionais, *tradings*, entre outros.

### 3.2.1. USO DA INTERNET

O principal canal atual de desenvolvimento de fornecedores é a internet. Através dela, é possível ter acesso a diversos websites e portais especializados em reunir empresas exportadoras de diversos países, possibilitando a busca do produto desejado. Também é possível encontrar diversos fornecedores, *tradings* ou fabricantes, realizar contato por meio do portal e, a partir disso, conseguir trocar e-mails, WhatsApp, Skype, ligações telefônicas etc. Alguns desses sites trazem referências comerciais e realizam avaliações dos fornecedores cadastrados, trazendo mais segurança ao comprador.

É importante ressaltar que apesar disso você não se livra de qualquer situação inconveniente, pois o portal não se responsabiliza pelos fornecedores cadastrados. Por isso, uma visita pessoal ou utilizar auditorias, como explicarei adiante, são de extrema importância para ter total segurança na operação de compra.

### 3.2.2. FEIRAS INTERNACIONAIS NO BRASIL

As feiras internacionais realizadas anualmente no Brasil contam com a presença crescente de empresas estrangeiras, que já atuam aqui ou que desejam atuar. Elas utilizam esses eventos como um termômetro para avaliar a reação do público ao seu produto ou até para conhecer e ter acesso a mais profissionais do segmento. Uma visita focada no segmento em que o importador atua ou atuará pode render bons negócios, além do primeiro contato com futuros parceiros.

### 3.2.3. FEIRAS INTERNACIONAIS NO EXTERIOR

Visitar feiras no exterior é outra ótima opção para desenvolver fornecedores. Porém, para que haja êxito nessa empreitada, sugiro que um bom planejamento prévio seja feito, diante do investimento a ser realizado na viagem. Para tal, é oportuno entrar no website da Expo e analisar se o perfil está dentro da expectativa, averiguar a quantidade de expositores que estarão presentes, verificar o porte de cada empresa e anotar cada fornecedor com quem deseja conversar pessoalmente. Recomendo entrar no website dos expositores que mais chamarem a atenção e realizar uma pesquisa do catálogo eletrônico disponível. Caso algum se destaque entre os demais, entre em contato previamente, através de telefone ou por e-mail, para iniciar a aproximação e organizar uma agenda prévia, assim a visita à feira será bem produtiva.

Sobre as viagens internacionais, sempre aconselhamos realizar algumas perguntas para poder ter mais informações sobre o exportador. Boas perguntas ajudam a identificar fornecedores em potencial, condições de negócio favoráveis e otimizar o tempo durante a feira. Abaixo algumas sugestões:

Perguntas para empresas norte americanas e europeias:
- Quais Certificações Internacionais de Qualidade possuem?
- Têm representante comercial ou distribuidor estabelecido no Brasil?
- Qual a capacidade de produção?

- Já exportaram para o Brasil anteriormente?
- Há algum pedido mínimo de compra (MOQ)?
- Qual a condição de venda (*incoterm*)?
- Quais as condições de pagamento?
- Qual o prazo de entrega dos pedidos?

Perguntas para empresas chinesas:
- São *tradings* ou fabricantes?
- Possuem licença para exportar?
- Qual a capacidade de produção?
- Há algum pedido mínimo de compra (MOQ)?
- Quais as condições de pagamento?
- Têm referências comerciais no Brasil e América Latina que podem ser contatadas?
- Qual o prazo de entrega dos pedidos?
- É possível fazer o produto com a marca ou logo da importadora?
- Qual o preço por unidade? Se aumentar o pedido, o preço diminui?
- Há garantia? Quanto tempo e condições?

Acompanhando diversos clientes em feiras internacionais, percebi que a chance de êxito em desenvolver bons fornecedores e construir relacionamentos sólidos e duradouros é muito grande. Ligações telefônicas e e-mails não substituem o contato físico com o potencial fornecedor. Cada movimento gera um resultado, e visitar feiras no exterior é uma ótima estratégia e oportunidade de conhecer indivíduos que possuem um catálogo fantástico no seu segmento e que cairão que nem uma luva para o seu negócio. Muitos fornecedores do exterior não conhecem o real potencial do mercado brasileiro e acreditam que a burocracia para inserir um produto é muito grande, não dando a atenção merecida que nosso país merece.

Você, com o conhecimento que possui no seu segmento, pode unir forças com o *know-how* do fornecedor potencial, para juntos agirem estrategicamente no mercado promissor que é o Brasil.

Um ponto de extrema relevância é o pós-feira. Passada a euforia da viagem e o retorno à rotina, aconselho entrar em contato por e-mail com as diversas conexões em potencial, agradecendo a atenção e conversa dos executivos conhecidos no evento. O envio de algo sempre fica pendente em uma conversa ou negociação, então envie as informações solicitadas para que o contato permaneça. Realize essa conexão após uma semana de retorno; não demore muito, pois o fornecedor estará te avaliando e verificando a sua maneira de trabalhar. Se prometeu, cumpra! Caso receba algum e-mail dos fornecedores, responda-os categoricamente.

Infelizmente, nós brasileiros temos uma fama muito ruim no exterior: dizem que somos muitos emocionais no primeiro contato, mas acabamos esfriando e, por fim, não respondemos e-mails, perdendo o relacionamento ao longo do tempo. Se alguém te enviou um e-mail, lembre-se, essa pessoa deseja uma resposta.

### 3.2.4. MISSÕES DE EMPRESAS ESTRANGEIRAS

Outra oportunidade de contatar e conhecer fornecedores estrangeiros são através das missões de empresas que visitam o Brasil. As entidades de classe e Câmaras de Comércio realizam rodadas de negócios, reunindo potenciais compradores e empresas estrangeiras, para que mais negociações daquele segmento específico ou de um determinado país sejam executadas.

### 3.2.5. ASSESSORIAS ESPECIALIZADAS

O desenvolvimento de fornecedor pode ser terceirizado, contratando empresas de assessoria especializadas nesse tipo de serviço. São empresas brasileiras que realizam a pesquisa do produto desejado conforme diretrizes designadas por quem contratou, fazem contato com diversos fornecedores estrangeiros em potencial, filtram os melhores e, em seguida, apresentam as alternativas ao importador. Muitas dessas empresas têm parceiros no exterior que podem visitar o fornecedor em potencial caso necessário.

### 3.2.6. TRADINGS ESTRANGEIRAS NO BRASIL

As *tradings* são empresas estrangeiras com escritórios espalhados pelo Brasil, nas principais capitais. Possuem uma carteira de fornecedores auditados de diversos segmentos, como o ramo alimentício, curtume, nutrição animal, papel e celulose, saneantes, têxtil, tintas, tratamento de água, vela, vidros, cerâmica etc. Por serem fornecedores auditados, garantem a qualidade do produto. Muitos podem inclusive conceder prazo de pagamento na importação, pois, como têm escritórios no Brasil, realizam uma análise de crédito detalhada e têm mais segurança na concessão ao importador.

Essas *tradings* são especializadas em desenvolvimento de fornecedores e mercado, então a importação é realizada pelo importador e o pagamento é efetuado diretamente ao fornecedor, através do fechamento de câmbio em moeda estrangeira.

### 3.2.7. TRADERS

Há também a possibilidade de contratar agentes no exterior, também conhecidos como *traders*. São especializados em determinados segmentos e são majoritariamente pessoas físicas, que conhecem muito do mercado onde residem e possuem relacionamento com diversos fornecedores, podendo designar ou direcionar o melhor produto desejado pelo importador. Geralmente cobram honorários através de comissionamento. O valor negociado pelo serviço deve ser discriminado na Declaração de Importação. O importador pode realizar o fechamento de câmbio da comissão, conforme acordado, ou poderá retê-lo no Brasil. Tudo depende da negociação entre importador e *trader*.

### 3.3. Auditoria de fornecedor/exportador

Como comentado anteriormente, há diversas maneiras de desenvolver um fornecedor. Porém, durante o primeiro pedido de importação, é comum ficar com a pulga atrás da orelha sobre a real idoneidade do exportador, a capacidade de produção e a entrega do produto. No mundo globalizado em que vivemos, conseguimos obter muitas informações pela internet, mas é necessário haver um encontro pessoal para ter a certeza e segurança de que o fornecedor é honesto e vai cumprir com as exigências do comprador.

Diante dessa demanda, surgiram as empresas de auditoria de exportadores ou fabricantes, responsáveis por verificar a saúde financeira do fornecedor através de sua capacidade de produção, referências comerciais, controle de qualidade, certificados de qualidade e legitimidade dos mesmos, cuidados com o meio ambiente, instalações, condições de trabalho e, em alguns casos, contato com órgãos competentes locais. Elas seguem um padrão determinado pela própria empresa e o importador poderá solicitar auditorias sob encomenda (*taylormade*). Nessas sessões, também são confrontadas as informações fornecidas anteriormente ao importador, para verificar se o exportador não se contradiz.

Na China, por exemplo, já visitamos fabricantes com *traders* chineses que se diziam presidentes ou diretores da empresa, porém, após a visita às fábricas, percebemos que estavam mentindo. Esse tipo de auditoria é de extrema relevância para realizar o primeiro pedido junto ao exportador.

## 3.4. Garantia do exportador/fabricante

Os fabricantes estrangeiros, em sua maioria, negociam um prazo de garantia do produto. Porém, caso o importador queira importar algum produto em garantia, o fornecedor irá disponibilizar a mercadoria na fábrica na condição de venda EXW. Sendo assim, todas as despesas de frete internacional e aduaneiras serão por conta do importador.

Aconselho que, sempre que a importação de um produto for negociada, seja formalizado o período e condições de sua garantia.

É importante providenciar um termo de garantia por importação, incluindo todos os dados dos produtos, como número de série (se houver), lote, quantidade, valor unitário, datas da compra, embarque etc. Nesse documento devem constar os dados completos da importadora, incluindo CNPJ, endereço, telefone e contato. Todo e qualquer documento é oficial perante a lei e merece a devida atenção ao ser preenchido.

Para que não incidam impostos na importação do produto em garantia, é necessário registrar a Declaração de Importação, indicando no regime de tributação a não incidência por "motivo de devolução de mercadorias por defeitos técnicos". Dessa forma, não haverá recolhimento do Imposto de Importação (II), Imposto sobre Produtos Industrializados (IPI), PIS/Pasep-Cofins e ICMS na entrada da mercadoria no Brasil. O produto com defeito em garantia deverá em seguida ser exportado e, no Registro de Exportação, indicar que se trata de produto importado anteriormente em garantia. É necessário indicar e vincular o número da Declaração de Importação neste Registro de Exportação (RE).

Também é possível fazer a operação inversa, em que você informa no Registro de Exportação que se trata de exportação temporária para conserto ou substituição. Um processo administrativo será gerado pela Receita Federal e, ao realizar o retorno ou substituição do produto, será informado o número que foi aberto no campo "processo administrativo" do registro da Declaração de Importação. Assim, a Receita saberá que se trata do produto em garantia.

Antes de realizar a exportação do produto em garantia, é importante consultar o importador estrangeiro para que ele possa verificar a legislação aduaneira do país de destino, com o objetivo de evitar que haja tributação ou qualquer outro impeditivo durante a sua entrada.

# 4° passo
# Se envolva com a operação

*"A motivação é o que faz o empreendedor começar e o hábito é o que nos faz continuar"*
*Jim Rynn*

## 4. PROFISSIONAL INTERNO

Responsável pelo departamento de comércio exterior da indústria ou da comercial importadora, o profissional interno deve ter um amplo conhecimento de negociação internacional, logística nacional e internacional, tributação na importação e documentação.

Além disso, deve ser um bom líder, pois conduz todo o processo juntamente com os prestadores de serviço envolvidos na operação, como agentes de carga, despachantes aduaneiros, transportadoras, terminais de carga e fornecedores estrangeiros. Não é incomum esse profissional sofrer uma pressão exacerbada por parte dos outros departamentos, então é importante ter muita inteligência emocional para lidar com a rotina, que exige bastante atenção e organização. Quando a contratação de um profissional interno para gerenciar somente esse departamento não é justificável, ele também pode ficar encarregado do setor de logística ou compras. Caso não tenha o conhecimento necessário para lidar com os desafios da importação, é essencial que ele seja treinado.

Hoje em dia há muitos cursos e treinamentos focados na área; tendo vontade de aprender, ele ficará preparado em um curto espaço de tempo. Sempre sugerimos que não esperem o conhecimento cair no colo e sim que vá atrás dele, seja em livros, na internet ou questionando outros profissionais da área. No comércio exterior, tudo é baseado no Regulamento Aduaneiro, Instruções Normativas, Portarias e demais legislações; após aprender o caminho, tudo fica mais fácil.

Na importação das pequenas e médias empresas, por ser algo muito estratégico e muitas vezes um dos seus principais pilares, muitos diretores se fazem presentes ou procuram manter o departamento de comércio exterior por perto, pois conhecem a burocracia que há na área. Por isso, além do foco no profissional interno que gerencia o departamento de importação, é de extrema relevância mapear quem são os prestadores de serviços externos, que são cruciais para o sucesso das importações, conforme veremos com mais detalhes no 7° passo deste livro.

## 4.1. Incoterm (condição de venda internacional)

Assim como no mercado interno, quando a mercadoria é adquirida do fornecedor, é negociada a condição de venda, podendo ser CIF, que significa entrega no endereço do comprador ou FOB, que é quando o comprador contrata a transportadora para realizar a coleta. No comércio exterior também há diversas condições de venda a ser definidas na negociação internacional, que determinam os deveres e responsabilidades do exportador e do importador.

A versão mais atualizada dessas condições de venda, que chamamos de Incoterm, é a de 2010, e engloba onze condições divididas em quatro grupos.

Neste capítulo explicarei o significado de cada um deles, para que o importador tenha embasamento para negociar e evitar qualquer tipo de disputa comercial e judicial por divergências na negociação.

### 4.1.1. GRUPO "E" – PARTIDA

No grupo "E", que engloba o *Ex works* (EXW) (na fábrica ou local designado), a mercadoria embalada e os documentos são disponibilizados ao importador no endereço do armazém do exportador ou do fabricante. Caso este não seja o real produtor, o custo da coleta (*pick up*), desembaraço de exportação na origem, movimentação alfandegária e frete internacional (com pagamento no destino, ou seja, frete *collect*) são por conta do importador. A responsabilidade do exportador cessa na entrega da mercadoria ao agente de cargas que faz a coleta no endereço designado. Porém, deve prestar ao importador e ao agente de cargas de origem os documentos e informações necessários para despacho do produto.

### 4.1.2. GRUPO "F" – TRANSPORTE PRINCIPAL NÃO PAGO PELO EXPORTADOR

Compõem esse grupo as seguintes condições de venda:
- FCA – *Free Carrier* (local designado);
- FAS – *Free Alongside Ship* (no cais do porto de origem);
- FOB – *Free on Board* (a bordo do navio).

No grupo "F", a mercadoria é disponibilizada pelo exportador no local, porto ou aeroporto de origem designado, cessando sua responsabilidade com a entrega desembaraçada do produto. O custo de entrega nesse local e o desembaraço de exportação são responsabilidades do exportador, enquanto que o custo do frete internacional (frete *collect*) é do importador.

### 4.1.3. GRUPO "C" – TRANSPORTE PRINCIPAL PAGO PELO EXPORTADOR

São componentes desse grupo:
- CFR – *Cost and Freight* (porto de destino designado);
- CIF – *Cost, Insurance and Freight* (porto/local de destino designado com seguro internacional);

- CPT – *Carriage Paid to* (local ou aeroporto de destino designado);
- CIP – *Carriage and Insurance Paid to* (local ou aeroporto de destino designado com seguro internacional).

No grupo "C", a mercadoria é disponibilizada pelo exportador no porto, local ou aeroporto de destino designado, e sua responsabilidade cessa com a entrega. O custo de movimentação alfandegária na origem, desembaraço de exportação e o custo do frete internacional (com pagamento na origem, ou seja, frete *prepaid*) são por conta do exportador. O desembaraço de importação no destino é atribuído ao importador.

### 4.1.4. GRUPO "D" – CHEGADA

São eles:
- DDP – *Delivered Duty Paid* – (entregue no local designado, com impostos e despesas pagos);
- DAT – *Delivered At Terminal* (entregue no terminal, porto ou porto seco designado);
- DAP – *Delivered At Place* (entregue no local designado);

No grupo "D", a mercadoria é disponibilizada no local, terminal ou endereço do importador no destino. O custo de movimentação alfandegária na origem e destino, o desembaraço de exportação, entrega no local e o custo do frete internacional (frete *prepaid*) são por conta do exportador. A responsabilidade dele se encerra na entrega da mercadoria no local, terminal ou endereço designado pelo importador.

Na fatura proforma, comercial ou em contratos, o local deve ser informado ao mencionar o *Incoterm*. Na condição de venda EXW, deve-se informar o endereço do exportador ou armazém, e o mesmo ocorre na condição FOB com o nome do porto de origem, na CFR com o porto de destino e assim por diante.

Os Incoterms mais utilizados na importação variam conforme o modal, com alguns exemplos a seguir:
- Modal Aéreo: EXW, FCA, CPT ou CIP.
- Modal Marítimo: EXW, FOB, CFR ou CIF.
- Modal Rodoviário: FCA ou CIP.

É importante ressaltar que os Incoterms não têm relação alguma com a modalidade de pagamento da mercadoria. Ele deve sempre estar informado no contrato, na fatura proforma e comercial, em todos os documentos envolvidos que mencionem a condição de venda e na carta de crédito, caso o pagamento seja por esta modalidade.

A função dos Incoterms é promover a harmonia nos negócios internacionais, de modo que todos os envolvidos no segmento se compreendam. Por isso, esse tema deve ser de profundo conhecimento de todos os envolvidos na operação.

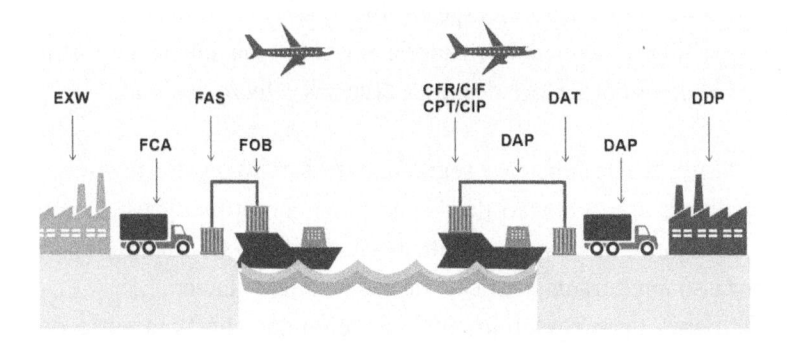

## 4.2. Seguro internacional

A contratação do seguro internacional é facultativa e depende da condição de venda (*incoterm*) negociada entre o importador e o exportador. Àquelas que não têm seguro incluso, como EXW, FCA, FAS, FOB, CPT e CFR, o importador poderá solicitar a averbação do seu seguro ao agente de cargas, responsável pelo frete internacional, ou ao despachante aduaneiro, caso este tenha uma apólice de seguro aberta, ou contratar uma seguradora. Ressalto que fica muito mais em conta contratar o seguro de prestadores de serviço do que da seguradora ou corretora, pois elas cobram um prêmio maior em caso de importações *spots*, que são pontuais. Um volume de importações considerável já viabilizaria uma apólice própria. A averbação do seguro pode ser da seguinte forma:
- Sobre o valor da mercadoria.
- Sobre o valor da mercadoria + frete internacional.
- Sobre o valor da mercadoria + frete internacional + impostos de importação.
- Sobre o valor da mercadoria + frete internacional + impostos de importação + despesas diversas.
- Sobre o valor da mercadoria + frete internacional + impostos de importação + despesas diversas + lucro estimado.

Em caso de sinistro, a seguradora ressarcirá o *valor acordado* mediante apresentação de documentos comprobatórios. Como todo seguro, esses casos também são passíveis de FRANQUIA, por isso a leitura da apólice é de extrema relevância.

Para que o ressarcimento seja efetuado, há uma série de procedimentos a serem adotados pelo importador e pelo prestador de serviço, caso o seguro tenha sido contratado desse último. Por exemplo, em importações aéreas, quando a mercadoria é recepcionada no aeroporto brasileiro, seja pela Infraero ou por alguma concessionária responsável pela armazenagem do aeroporto, eles lançam no sistema Mantra os códigos referentes às avarias encontradas na carga, como:

A= Diferença de Peso
B= Lacre Violado
C= Amassado
D= Vazamento
E= Quebrado
F= Rasgado
G= Refitado
H= Furado
I= Aberto
J= Molhado
K= Despregado
L= Repregado
M= Indícios de Violação
N= Riscado
O= Sensor de Impacto Ativado
P= Sensor de Inclinação Ativado
Q= Carga Recebida com Alteração de Informação
R= Indícios de Deterioração
S= Carga Lacrada Pelo Fiel Depositário

Quando o despachante aduaneiro ou o agente de cargas visualizarem essas avarias no Mantra, devem prontamente informar ao importador. Em casos graves, este acionará a seguradora diretamente ou o corretor de seguros. Após análise do pedido, ela autorizará a liberação da mercadoria mediante o envio de cartas-protesto a todos os envolvidos na operação. Depois de entregue no estabelecimento do importador, este deverá averiguar se o produto foi danificado e, havendo alguma avaria ou sinistro, a seguradora deverá ser notificada para que realize inspeção física e dê andamento ao ressarcimento do prejuízo.

Em se tratando de embarque marítimo, assim que a mercadoria chega ao porto ou porto seco, o terminal informará no seu sistema próprio se há alguma avaria no casco ou nas portas do container. O despachante aduaneiro ou agente de cargas, visualizando esses danos, fará o mesmo procedimento do parágrafo anterior, informando ao importador, que avisará à seguradora e assim por diante. Os embarques rodoviários acontecem da mesma forma.

Caso os procedimentos estabelecidos na apólice pela seguradora não sejam seguidos rigorosamente, ela poderá negar o ressarcimento por quebra de protocolo. Sendo assim, é de extrema importância ter ciência destas diretrizes e cumpri-las corretamente.

Sugiro, ao contratar o seguro internacional de um agente de cargas ou despachante aduaneiro, que lhe seja solicitado uma cópia da apólice, para leitura, e uma confirmação da averbação.

Durante todos os anos que atuei na consultoria e assessoria de importações brasileiras, já presenciei muitos agentes de cargas e despachantes aduaneiros que venderam o seguro, porém não averbaram o embarque com a seguradora. Outra situação comum era o produto estar dentro da lista de exceções, gerando grandes riscos ao importador. Se não houver contratação do seguro internacional e a mercadoria sofrer um sinistro, infelizmente não há o que fazer.

Quando o seguro internacional é contratado pelo exportador, é comum ele enviar junto dos documentos originais da importação o Certificado de Seguro Internacional, que tem detalhes da averbação e cobertura. Em caso de sinistro, avaria ou extravio, o importador poderá acionar o representante da seguradora no Brasil. O seguro internacional assegura somente sinistro, avaria ou extravio, mas não garante a qualidade ou qualquer outro tipo de vício do produto.

## 4.3. Pagamento ao exterior

Para o importador efetuar o pagamento da mercadoria ao seu fornecedor, deverá comprar a moeda estrangeira designada na fatura proforma ou em qualquer outro documento referente à compra da mercadoria em banco ou corretoras de câmbio autorizadas a operar pelo Banco Central do Brasil. Essa atividade é conhecida como "fechamento de câmbio", que nada mais é do que comprar a moeda estrangeira para liquidar a negociação acordada com o fornecedor. É importante ressaltar que tudo isso é feito eletronicamente, pois não se deve comprar moeda estrangeira em espécie para realizar esse fechamento de câmbio.

### 4.3.1. CÂMBIO FLUTUANTE

Os sistemas de câmbio mais conhecidos são o fixo e flutuante. Cada um possui suas vantagens e desvantagens. O câmbio fixo é aquele cujo valor da moeda estrangeira, geralmente o dólar, é fixado pelo governo. Assim, a moeda nacional passa a ter um valor fixo em relação à moeda-lastro designada pelo governo daquele país. É o sistema adotado pela China, por exemplo.

Já o sistema de câmbio flutuante, adotado pelo Brasil, é aquele em que o mercado estabelece os valores das taxas de câmbio através da lei da oferta e da procura. Nesse sistema, podem ocorrer muitas variações das taxas de câmbio em intervalos curtos de tempo. Caso a oscilação exceda o limite estabelecido pelo governo, o Banco Central entra com intervenções por meio de operações de compra e venda de dólares no mercado futuro, visando evitar a desvalorização ou valorização excessiva da moeda estrangeira.

### 4.3.2. MODALIDADES DE CÂMBIO

As principais modalidades de câmbio são a antecipada, à vista e a prazo. Cada modalidade demanda diferentes exigências documentais por parte das instituições financeiras, para que o fechamento de câmbio seja realizado de acordo com as regras do Banco Central do Brasil.

#### 4.3.2.1. Antecipado

Para o fechamento do câmbio antecipado, é necessário enviar ao banco em que o importador possui conta corrente em nome da importadora a fatura proforma do pedido. Nela, devem constar as informações usuais, tais como exportador, importador, quantidade de itens, valor unitário por item, valor total, moeda, previsão de embarque e o canal bancário do exportador. Esse último consiste nos dados bancários internacionais do exportador, o nome do banco, o beneficiário, o código SWIFT (obrigatório para qualquer país) e o IBAN (apenas em remessas para a Europa).

Em caso de mercadoria com Licenciamento de Importação não automático, o banco poderá exigir o extrato desse licenciamento, com o status "embarque autorizado" ou "deferido".

### 4.3.2.2. À vista

Em se tratando do fechamento de câmbio à vista, o banco entende que a mercadoria já embarcou. Dessa forma, é necessário enviar-lhe a cópia fiel do BL, AWB ou CRT original ou não negociável (respectivamente, em embarque marítimo, aéreo e rodoviário), a fatura comercial e o romaneio de carga, também conhecido como *packing list*. Caso o canal bancário do exportador não esteja mencionado na fatura comercial, é possível informar ao banco através de e-mail ou de qualquer outro documento.

### 4.3.2.3. A prazo

Em fechamento de câmbio a prazo, o banco entende que a mercadoria já foi nacionalizada no Brasil. Dessa forma, faz-se necessário o envio da cópia fiel do BL, AWB ou CRT, fatura comercial, romaneio de carga, comprovante de importação (CI) e Declaração de Importação (DI) ao banco.

antecipado    à vista    à prazo

Há situações em que, na mesma importação, dois fechamentos de câmbio distintos são utilizados. É comum, ao comprar de fornecedores chineses, a negociação de pagamento de 30% antecipado e 70% contra a cópia do BL. Sendo assim, será efetuado o pagamento antecipado parcial para que o fornecedor/fabricante possa comprar a matéria-prima e dar andamento à produção e, após confirmada a prontidão da mercadoria e embarque, o pagamento da porcentagem restante contra a cópia do BL. Nesse caso, o pagamento à vista parcial.

### 4.3.2.4. Sem cobertura cambial

O subcapítulo "Amostras", em "Siga os números", explica sobre importação de amostras, mencionando a frase "sem cobertura cambial" (em inglês, *"no commercial value"*). Essa denominação se refere a uma modalidade de pagamento em situações como doação, retorno de garantia ou substituição do produto, catálogos ou qualquer importação sob regime especial, em que o pagamento da mercadoria não é cobrado pelo fornecedor. Logo, não haverá transação de pagamento de mercadoria entre importador e exportador. Isso deverá ser informado na fatura proforma ou comercial quando realizada a importação, seja via *courier* (simplificada), seja formalmente. Essa informação constará na Declaração de Importação para que a mercadoria seja liberada corretamente e dentro dos padrões exigidos pela lei.

Outro ponto importante é que os valores unitários e totais dos itens em moeda estrangeira devem constar normalmente na fatura comercial e, consequentemente, na Declaração de Importação, mesmo sem haver pagamento da mercadoria, para recolhimento ou não dos tributos federais e estaduais de acordo com a destinação da importação.

## 4.3.3. SWIFT

O sistema utilizado pelos bancos para a realização de transferências internacionais é o SWIFT, que necessita de informações obrigatórias para o envio da remessa. Uma vez realizada a liquidação, o banco ou a instituição financeira utilizada para o fechamento de câmbio disponibilizará a cópia do SWIFT, um documento em língua inglesa que comprova que a remessa foi efetuada de acordo e que os recursos foram creditados na conta bancária internacional informada. Assim, ao realizar um fechamento de câmbio, um contrato de câmbio é gerado e, após a liquidação, em caso de D+1 ou D+2 (liquidado após um ou dois dias de câmbio, respectivamente), a cópia do SWIFT será disponibilizada e poderá ser enviada ao exportador como prova de que o pagamento foi realizado.

Antes de realizar qualquer fechamento de câmbio, sugiro que confirme com o fornecedor os dados bancários informados pelo mesmo, já que caso o fechamento de câmbio seja efetuado com alguma *informação pendente* ou caractere *ausente* ou *divergente*, o beneficiário não receberá os recursos.

Havendo divergências, será necessário retificar o SWIFT, atrasando o recebimento do beneficiário e gerando custos desnecessários, uma vez que as instituições financeiras cobram valores importantes para realizar qualquer tipo de alteração. Um dos erros comuns é abreviar o nome da empresa estrangeira quando deveria ser escrito por extenso, como "LIMITED" ser indicado como "LTD". Parece bobagem para nós, porém os bancos estrangeiros não autorizam o crédito dos recursos na conta do fornecedor em caso de qualquer divergência.

## 4.3.4. DETALHES SOBRE CÂMBIO E CONTROLE

O fechamento de câmbio poderá ser efetuado com o banco em que a empresa possui conta corrente ou através de corretoras de câmbio. Algumas instituições financeiras possuem um sistema eletrônico pelo qual o processo é efetuado online ou através da mesa de câmbio. Geralmente, as tarifas dos bancos são maiores que das corretoras que, além disso, dão um atendimento diferenciado ao importador. Vale lembrar que, por não possuir uma conta corrente com a corretora antes de efetuar qualquer fechamento de câmbio, será necessário realizar um cadastro com a mesma. Tanto elas quanto os bancos seguem um procedimento estipulado pelo Banco Central do Brasil e passam por auditorias constantemente. O regulamento seguido rigorosamente por eles é o Regulamento do Mercado de Câmbio e Capitais Internacionais (RMCCI).

É comum, durante o fechamento, o operador da mesa de câmbio questionar se a tarifa do banco intermediário será SHA ou OUR e se é em D+1 ou D+2.

Ao fazer um fechamento de câmbio, existe um banco intermediário. Quando o câmbio é em moeda americana (dólar americano), ele passa por Nova Iorque; quando é em euro (moeda da União Europeia), passa por Londres e o banco intermediário cobra uma tarifa. Ao informar ao operador que é SHA, o importador diz que a tarifa do banco intermediário será cobrada do exportador/beneficiário; quando é OUR, a cobrança é feita do importador.

Em caso de fechamento em D+1, os recursos em moeda estrangeira são creditados na conta do exportador/beneficiário no dia seguinte; em D+2, dois dias após.

Quanto à taxa de paridade (USD/R$, EUR/R$) paga à instituição financeira para o fechamento de câmbio, elas compram a moeda do Banco Central e vendem ao importador. Assim, adquirem por um valor próximo ao dólar comercial e adicionam um *spread* para vender ao importador. Assim, antes de fechar qualquer câmbio, sugiro perguntar ao banco qual será a taxa para gerar o contrato, possibilitando um comparativo real do custo. Há instituições financeiras autorizando o fechamento de câmbio online, dizendo não haver taxa para gerar o contrato. No entanto, elas cobram um *spread* maior e por isso deve-se analisar cada detalhe antes de realizar esse processo.

É de suma importância, logo após fechar o câmbio e receber o contrato por e-mail, *internet banking* ou qualquer outro sistema, fazer a coleta das assinaturas e devolver o contrato assinado à instituição financeira. A maioria dessas instituições aceitam assinaturas nos contratos de câmbio através do Certificado Digital e-CNPJ por ser em nome de pessoa jurídica, possibilitando agilidade e menos burocracia no processo.

Em razão do Comunicado Bacen N° 20.503 de 18/01/2011, as importadoras, através de seus despachantes aduaneiros ou comissários de despachos, ficaram dispensados de vincular o contrato de câmbio na Declaração de Importação. Porém, eventualmente, ou em determinadas ocorrências ou processos administrativos, o Banco Central do Brasil ou a Receita Federal poderão exigir a apresentação da respectiva documentação comprobatória.

Como não há mais necessidade de vincular o contrato de câmbio à DI, os bancos e demais instituições financeiras que atuam no mercado cambial ficaram mais rigorosos e exigentes, requisitando mensalmente o número da Declaração da Importação referente a cada câmbio liquidado. Por isso, sugiro ao importador que realize esse controle, podendo ser no seu sistema ERP ou através de uma planilha no Excel em que, a cada câmbio fechado de importação e/ou importação realizada, sejam lançados na planilha *data, beneficiário, valor em moeda estrangeira, valor em reais, taxa de paridade* e o *número da Declaração de Importação e sua data de registro*, assim que estiver disponível, para os casos dos câmbios "antecipado e à vista"; já o câmbio a prazo, as informações devem ser lançadas ao contrário, começando pelo *número da Declaração de Importação*. Dessa maneira você terá o controle cambial e poderá informar ao banco ou qualquer outra instituição sempre que solicitado. A não notificação pode acarretar suspensões de fechamentos futuros, prejudicando as operações e possibilitando que o importador sofra as sanções previstas na legislação em vigor.

## 4.4. Modais de transportes

Uma das principais atividades na importação é o transporte nacional e internacional de mercadorias. Sem isso, não seria possível realizar a transferência de um ponto a outro. Para que o importador possa ser competitivo, é de extrema importância o entendimento desse assunto, possibilitando a melhor contratação com o menor custo possível, a análise das vantagens, desvantagens e o foco na viabilidade da operação. Explicarei as características e os pontos principais de cada modal utilizado no comércio exterior brasileiro.

São eles: marítimo, aéreo e rodoviário. Existem outros modais, porém estamos focando nos principais das importações brasileiras. O que definirá o melhor a ser contratado é o custo do transporte internacional, o tempo de trânsito (*transit time*), o prazo de recebimento da mercadoria de acordo com o seu planejamento e a sua natureza.

Devemos sempre nos atentar ao custo do frete internacional, que varia conforme o modal contratado e influencia diretamente no valor dos impostos e no custo da nacionalização, pois, como visto anteriormente, ele é um dos custos que compõem o valor aduaneiro (CIF).

### 4.4.1. MODAL MARÍTIMO

O modal marítimo é realizado através de navios ou barcaças de todos os tamanhos, formatos, tipos e finalidades. A maioria das mercadorias importadas para o Brasil é transportada em containers, cujos tamanhos mais utilizados são de 20 pés – mais ou menos seis metros – e de 40 pés – doze metros –, variando conforme a necessidade. Esse modal é utilizado para transportar volumes grandes e cargas pesadas, pois tem capacidade para percorrer longas distâncias, baixo risco de avarias nas mercadorias e custo de frete acessível.

Para a contratação do marítimo, é importante ter em mente que o tempo de trânsito (*transit time*) é longo e nada fará com que o navio chegue antes, pois o armador tem uma programação a cumprir. Seu custo, comparado com o aéreo, é baixo. Muitas importações são viáveis atualmente devido a esse modal.

### 4.4.2. MODAL RODOVIÁRIO

O modal rodoviário é realizado através de caminhões, carretas e bitrens e a diversidade de tamanhos e finalidades é extensa. Além disso, é muito utilizado nas importações do Mercosul ou países da América do Sul, já que suas principais vantagens são a possibilidade de realizar a operação porta a porta, flexibilidade na alteração de rotas, facilidade de contratação e organização do transporte e capacidade de transportar grandes volumes e quantidades. O custo desse transporte internacional é relativamente próximo ao marítimo, que pode ser uma alternativa, porém a flexibilidade da operação porta a porta geralmente acaba fazendo prevalecer àquela.

### 4.4.3. MODAL AÉREO

O modal aéreo é realizado através de aviões, tanto cargueiros quanto de passageiros, e é muito utilizado para transporte de volumes pequenos, cargas urgentes e com alto valor agregado. Seu uso vem crescendo ao longo dos anos, pois as companhias aéreas estão reduzindo suas tarifas em face do crescente tamanho das aeronaves e consequente disponibilidade de espaço. Seu custo internacional é o maior dentre os demais, porém permite realizar compras menores, evitando acúmulo de estoque e melhorando o fluxo de caixa financeiro.

Nem todos os aeroportos do Brasil recebem aviões cargueiros. Por isso, muitas aeronaves que chegam aos principais aeroportos brasileiros, como Viracopos e Guarulhos, são removidas para os aeroportos menores através do Despacho de Trânsito Aduaneiro (DTA), que explicarei com mais detalhes nos próximos capítulos.

## 4.5. Cotação de frete internacional

Aos importadores que possuem um volume mensal de importações, é comum cotar os fretes internacionais com diversos agentes de cargas para embarques aéreos, marítimos e transportadoras para embarque rodoviário internacional, visando um parâmetro de preço razoável. Cada modal requer diferentes informações a serem passados para os agentes de cargas e transportadoras, possibilitando a realização de cotações o mais rápido possível e permitindo ao importador tomar sua decisão. Além de explicar as informações necessárias para obter a cotação devidamente, mostrarei como ela funciona, a contratação do frete internacional e quais pontos devem ser observados para evitar surpresas desagradáveis ou atrasos nos embarques.

### 4.5.1. MARÍTIMO

Para a cotação do frete internacional marítimo, devemos sempre observar qual o *incoterm* negociado e qual a modalidade (FCL, *full container load*, ou LCL, *less container load*) que será contratada, pois as informações variam de acordo com a escolha. Uma breve explicação de cada uma:

- Para frete internacional, com o *incoterm* EXW na modalidade FCL, é necessário informar o *nome da exportadora, endereço de onde a mercadoria deverá ser coletada (pode ser diferente do endereço da exportadora), porto de destino no Brasil, tipos de volumes, quantidade e dimensão de cada, tamanho do container caso o saiba, previsão de prontidão da mercadoria, peso bruto da carga e breve descrição do produto*. Considerando o *incoterm* FOB na mesma modalidade, em vez de informar o nome da exportadora e o endereço de coleta, informa-se o *porto de origem* e o *tipo de container*, além das demais informações.

- No caso de cotação na modalidade LCL, deve-se informar o *nome da exportadora, endereço de onde a mercadoria deverá ser coletada, porto de destino no Brasil, quantidade e tipo de volumes (como caixa de madeira, papelão, barril etc.), dimensão e peso bruto de cada volume embalado e breve descrição do produto*. Considerando o *incoterm* FOB na mesma modalidade, em vez de informar o nome da exportadora e endereço de coleta, coloca-se o *porto de origem* além das demais informações.

Caso haja alguma informação relevante referente à cotação, informe ao agente de cargas, possibilitando que ele leve em consideração para realizar o cálculo devidamente.

O agente de cargas, em posse dessas informações, as envia ao representante daquela origem, para que ele cote o frete internacional com o armador e devolva ao primeiro, que repassará ao importador para análise e *feedback*. As cotações FOB são mais rápidas de elaborar, enquanto as EXW são um pouco mais demoradas, devido à necessidade de o agente de cargas da origem cotar o custo da coleta e movimentação.

Ao receber a cotação do agente, é importante observar se os dados que constam coincidem com os transmitidos, além de analisar *a tarifa do frete internacional, taxas de destino, taxa de spread, rota, transbordo (se haverá ou não), validade da cotação, transit time, armador* e, nas cotações FCL, o *free time de demurrage*.

É muito comum que os agentes de cargas cobrem uma tarifa baixa do frete internacional e concedam um *free time de demurrage* curto ao importador. Por isso, ao receber uma cotação de frete internacional, analise as tarifas e o *free time* cuidadosamente.

Após a aprovação da cotação do frete internacional ao agente de cargas do Brasil, ele contatará o agente do exterior para que coordene o embarque. Dessa forma, o importador deverá informar prontamente os dados de contato (nome, telefone e e-mail) da pessoa responsável pela exportação, para que o agente entre em contato. Aconselho que o importador obtenha os dados de contato do agente de cargas da origem e os transmita ao exportador. É importante também disponibilizar a fatura comercial referente ao embarque, que será enviada ao exportador para esclarecer de qual produto ou pedido aquele embarque se trata. Caso receba uma cotação do frete internacional que esteja confusa, contate o agente de cargas para esclarecer todos os pontos e formalizar o que foi conversado por e-mail. É comum que os agentes de cargas na modalidade LCL enviem cotações informando o custo do frete internacional por metro cúbico/tonelada ou w/m (w=*weight*/peso ou m=*metric*/metragem cúbica, o que for maior), mas para os importadores que não estão habituados a estes cálculos, isso pode se tornar muito confuso. Assim, são necessários esclarecimentos, ou que o valor *all in* (total) seja solicitado, facilitando o entendimento.

Os armadores no Brasil podem cotar frete internacional marítimo, desde que o importador tenha um volume considerável. Porém, sugiro sempre utilizar agentes de cargas, pois conseguem dar um atendimento diferenciado ao importador e são mais flexíveis.

Em caso de cotação de frete internacional de carga perigosa, é necessário enviar ao agente de cargas a FISPQ do produto em inglês (Ficha de Informações de Segurança de Produtos Químicos), para que a cotação seja devidamente providenciada.

### 4.5.2. AÉREO

Para cotação do frete internacional aéreo, devemos sempre observar qual o *incoterm* negociado. Com o *incoterm* EXW, deve-se informar *nome da exportadora, endereço de onde a mercadoria deverá ser coletada (pode ser diferente do endereço da exportadora), aeroporto de destino no Brasil, quantidade de volume, tipo, dimensões e peso bruto de cada volume, previsão de prontidão e breve descrição do produto*. No *incoterm* FCA, em vez de informar o nome da exportadora e endereço de coleta, informa-se *o aeroporto de origem ou local*.

Caso haja alguma informação relevante referente à cotação, informe ao agente de cargas, possibilitando que ele leve em consideração para realizar a cotação devidamente. É o caso, por exemplo, de estados que concedem benefício de ICMS às importadoras, desde que o voo pouse diretamente nos aeroportos do estado onde se encontra a importadora. Caso o avião faça escala em outro aeroporto estadual antes do final, o importador perde a concessão do benefício de ICMS para a operação.

O agente de cargas, em posse dessas informações, realiza os mesmos processos do item anterior, repassando finalmente para o importador analisar e enviar o *feedback*. As cotações FCA são mais rápidas de providenciar, enquanto as EXW são um pouco mais demoradas, devido à necessidade do agente de cargas da origem cotar o custo da coleta e movimentação.

Uma vez recebida a cotação, todas as recomendações anteriores são válidas: verificar se os dados coincidem e as tarifas e taxas que serão cobradas.

Assim como nas cotações de embarque marítimo, após aprovada ao agente de cargas do Brasil, ele contatará o agente do exterior para que coordene o embarque. Dessa forma, o importador deverá informar prontamente os dados da pessoa responsável pela exportação (nome, telefone e e-mail), para que o agente contate e disponibilize a fatura comercial referente ao embarque, enviada ao exportador para esclarecer de qual produto ou pedido se trata.

Sugiro também que o importador obtenha os dados de contato do agente de cargas da origem e os transmita ao exportador.

No que tange a cotações do frete internacional confusas, contate o agente de cargas para esclarecer todos os pontos e formalizar o que foi conversado por e-mail. Os agentes de cargas no modal aéreo geralmente enviam cotações informando o custo do frete internacional por peso ou peso taxado (*chargeable*). Para os importadores que não estão habituados a cálculos, isso pode se tornar muito confuso e, por essa razão, são necessários esclarecimentos, ou que o valor *all in* (total) seja solicitado, facilitando o entendimento.

A cubagem do frete internacional para chegar ao volume cubado (*chargeable*) é calculada de modo diferente do marítimo. O cálculo é o comprimento do volume multiplicado pela largura, pela altura e por 167, resultando no volume cubado ou peso taxado.

As companhias aéreas no Brasil não costumam cotar o frete internacional diretamente com o importador, mas, sim, com o agente de cargas, que é quem faz a intermediação entre aquele e o agente de cargas do exterior.

Em caso de cotação de frete internacional de carga perigosa ou que contenha bateria ou ímã, é necessário enviar ao agente de cargas a Ficha de Informações de Segurança de Produtos Químicos em inglês, para que a cotação seja devidamente providenciada. O custo de frete internacional para esse tipo de produto é mais alto do que para as demais mercadorias.

## 4.5.3. RODOVIÁRIO

Para cotação do frete internacional rodoviário, devemos sempre observar qual o *incoterm* negociado e a modalidade (FTL, *full truck load* ou LTL, *less truck load*) que será contratada. As informações variam de acordo com ambas as informações e nem sempre a transportadora que faz frete FTL, faz LTL.

São dois os Incoterms mais utilizados nos fretes internacionais rodoviários: FCA e CIP. Com o primeiro na modalidade FTL, é necessário informar o *nome da exportadora, endereço de onde a mercadoria deverá ser coletada (pode ser diferente do endereço da exportadora) e onde deverá ser entregue uma vez em solo brasileiro, fronteira do Brasil em que deseja fazer o cruze (desembaraço), quantidade de volumes, tipo, dimensões e peso bruto de cada volume, previsão de prontidão da mercadoria e breve descrição do produto.*

Caso o importador entenda sobre caminhões, pode indicar o tipo ideal, mas é importante deixar a transportadora analisar a informação de acordo com o tamanho dos volumes e tipo de mercadoria.

Considerando o *incoterm* CIP na mesma modalidade, a contratação do frete internacional e a cotação serão de responsabilidades do exportador.

Para ambas as modalidades, é crucial ter a informação da fronteira no Brasil em que será feito o cruze, para manter o despachante aduaneiro informado. Deve-se ainda verificar a quantidade livre de diárias na fronteira e, quando houver incidência, qual o custo por cada, já que muitas transportadoras colocam o valor delas nas últimas linhas e em fontes minúsculas. Outro ponto essencial é reforçar a proibição do transbordo da mercadoria durante o percurso, a fim de evitar avarias.

Já na cotação na modalidade LTL, serão passadas as mesmas informações que na modalidade anterior, como *quantidade, en-*

*dereço de coleta e entrega e local de desembaraço na fronteira brasileira*. É comum a mercadoria chegar à fronteira do lado estrangeiro e ser descarregada no armazém da transportadora para aguardar a entrega de produtos de outras importadoras, de modo a realizar o cruze de uma vez só. Questione isso à transportadora, pois há casos de espera de 15 dias, atrasando consideravelmente a operação.

Independentemente da modalidade contratada, as transportadoras cotam o frete livre de carga e descarga. Ambas as funções são de responsabilidade do importador e exportador.

Diferente do marítimo e aéreo citados anteriormente, as empresas de transporte cotam os fretes internacionais rodoviários diretamente ao importador, sem o intermédio de terceiros.

Por fim, os agentes de cargas e transportadoras não são fiscalizadores. Eles coletam o que foi disponibilizado pelo exportador, mas não possuem autorização para realizar averiguação e abertura de volumes e nem para conferir o que está dentro de cada embalagem. Somente embarcam o que receberam de fato.

## 4.6. Frete rodoviário nacional

No frete rodoviário nacional de mercadoria importada, existem dois tipos de transporte mais utilizados, o frete DI e o DTA.

### 4.6.1. DI (CARGA NACIONALIZADA)

Esse é o tipo de transporte em que a carga já foi desembaraçada, ou seja, já atravessou a fronteira. É simplesmente a remoção física da mercadoria, em container ou como carga solta, do local onde ocorreu a nacionalização até o local de entrega determinado pelo importador.

## 4.6.2. DTA (CARGA NÃO NACIONALIZADA)

É considerado um regime especial de trânsito, que permite o transporte da mercadoria sob o controle aduaneiro. É feito quando a carga chega ao porto ou aeroporto (zona primária) e, antes de entrar com a nacionalização, é solicitada a remoção da mercadoria para o porto seco (zona secundária), também conhecido como Estação Aduaneira Interior (EADI) ou Centro Logístico e Industrial Aduaneiro (CLIA). Dessa forma, a transportadora entra com o registro da DTA (despacho de trânsito aduaneiro) no sistema de trânsito e apresenta documentos como o Extrato da DTA, AWB/BL, fatura e *packing list*, podendo ser cópia fiel dos originais, à Receita Federal para que ocorra a parametrização, tanto de canal verde quanto de vermelho. Após esse procedimento e liberação, a mercadoria é removida fisicamente do porto ou aeroporto para o porto seco, para que a liberação seja efetuada definitivamente. Em caso de canal vermelho na DTA, a Receita Federal adotará os mesmos procedimentos de uma Declaração de Importação, em que fará análise documental e vistoria física da mercadoria antes de autorizar a remoção.

A DTA é muito utilizada para mercadorias a serem entrepostadas, admitidas temporariamente, que tenham ex-tarifário ou que usufruam de quaisquer benefícios que tornem necessária a remoção para que a fruição do processo ocorra de uma maneira mais tranquila do que em zona primária.

É importante ressaltar que, para a transportadora realizar a DTA ou qualquer outra modalidade de remoção de carga não nacionalizada, ela deverá estar habilitada pela Receita Federal do Brasil, conforme Instrução Normativa vigente.

É importante saber que existem transportadoras no mercado que dizem realizar DTA sem ter a devida habilitação, o que descumpre preceito legal. Em caso de fiscalização pela Receita

Federal ou Polícia Rodoviária Federal, tanto a transportadora quanto o importador serão penalizados por esta irregularidade.

Em caso de mercadoria com Anvisa, a DTA deverá ser realizada somente por transportadora com Autorização de Funcionamento de Estabelecimento (AFE) emitida pela agência.

## 4.7. Pedido de compra

O pedido de compra, também conhecido como *purchase order* (PO), é utilizado pelos profissionais do departamento de importação das importadoras brasileiras. Esse instrumento é a formalização do pedido ao fornecedor estrangeiro, a partir do qual ele providenciará a fatura proforma.

É imprescindível que esse documento seja completamente preenchido com muita atenção, discriminando cada informação negociada anteriormente e constando *dados completos do exportador, do importador e do agente de cargas responsável pelo transporte* (em se tratando de Incoterm negociado na modalidade *collect*). Devem ser informados ainda a quantidade, produto e características (tamanho, cor, modelo, *part number* etc.), modal, embalagem, etiqueta ou rótulo, origem, destino, manuseio, previsão de embarque e forma de pagamento. Nas observações da PO, coloque todas as informações pertinentes ao pedido e, se necessário, alguma solicitação atípica à qual o fornecedor deverá se atentar para providenciar a produção corretamente.

Os importadores que realizam compras internacionais sem o uso desse instrumento correm o risco de deixar alguma informação não esclarecida e o fornecedor produzir o lote do seu pedido fora da especificidade esperada. Por isso, esse documento vem para esclarecer por completo todos os dados do pedido.

## 4.8. Inspeção pré-embarque

Uma das preocupações do importador é garantir que a mercadoria foi fabricada de acordo com o determinado no pedido de compra, fatura proforma ou contrato. Para haver segurança, sugiro contratar a inspeção da mercadoria antes do embarque, mais conhecida como *inspeção pré-embarque* ou *pre-shipment inspection*.

Esse tipo de serviço é muito difundido nos países asiáticos e, para encontrar empresas que o realizam, os importadores podem solicitar indicação do despachante aduaneiro ou encontrá-las na internet. A inspeção é muito utilizada em países duvidosos e, principalmente, nas primeiras compras daquele fornecedor. Havendo êxito na qualidade e após construir um relacionamento com o exportador, o importador terá mais segurança e, com o tempo, acabará não contratando mais este serviço.

Antes de realizar o pedido ao exportador, informe-o sobre a inspeção pré-embarque, para que ele se organize para isso; assim, ele entenderá a importância da qualidade e que deverá cumprir com todos os requisitos solicitados, além de comunicar toda a fábrica sobre a relevância do pedido. A inspeção tem que ser realizada antes de embalar a mercadoria, para haver acesso ao produto interno. Nos casos em que o importador realiza 30% de pagamento antecipado para que o exportador compre a matéria-prima e dê início à produção, a inspeção deverá ser realizada antes do pagamento dos 70% restantes; em caso de constatação de alguma irregularidade, o importador solicitará a correção e pagará somente após a certeza de que o pedido está dentro do acordado.

As empresas de inspeção costumam ser muito profissionais e procuram sempre enviar ao fabricante inspetores que conheçam o produto adquirido e sejam da mesma área técnica. Deve-se enviar todos os requisitos a serem verificados e, após a inspeção, um relatório informando ponto a ponto será enviado para você. Nele constarão fotos dos produtos, embalagens, testes e em alguns casos até mesmo vídeos mostrando a real situação da mercadoria.

A inspeção poderá ser contratada por amostragem de lote ou o lote completo. Se for a primeira, estando tudo dentro dos parâmetros, é possível solicitar o encerramento da inspeção; porém, caso o número de observações seja muito grande, aconselho examinar o lote completo.

O que é analisado, além dos itens solicitados pelo importador? É de praxe das empresas examinar *a quantidade, qualidade, marcação, embalagem, etiquetas, conferir o peso liquido e bruto, caso necessário fazer testes e a retirada de amostras para envio ao Brasil*. Também podem acompanhar o carregamento no container (em caso de embarque marítimo, FCL) caso julguem importante verificar toda a estufagem e manuseio da mercadoria. O custo da inspeção varia conforme a quantidade de produtos, tempo de duração para a análise e distância/deslocamento do inspetor até o fabricante. O preço é mediano, mas o custo da segurança não tem preço. Há casos em que o próprio importador realiza a viagem até o fabricante para fazer a inspeção do pedido.

Existe também a inspeção de fabricação, que é o acompanhamento da fabricação, montagem e embalagem. Isso é mais aplicado para importadores de grande porte que possuem um departamento robusto de comércio exterior e verba destinada a isso.

## 4.9. Booking

O *booking*, também conhecido como *reserva de praça*, é um documento emitido pela companhia aérea, marítima, transportadora ou pelos agentes de cargas intermediários, garantindo a reserva do espaço na aeronave, navio ou caminhão e o embarque da mercadoria, desde que os *deadlines* estipulados sejam cumpridos.

Nos embarques de natureza *prepaid,* deve-se solicitar que o exportador o providencie com antecedência; para os de natureza *collect* contratados no Brasil, peça ao agente de cargas, armador, companhia aérea ou transportadora para realizar o *booking* e enviar uma cópia ao importador, que transmitirá ao exportador, comprovando a reserva de espaço para embarque. É de extrema importância que o *booking* seja realizado com antecedência e cumprido, a fim de garantir credibilidade. Se os prazos e o embarque forem perdidos, não é cobrada nenhuma taxa, mas a confiança do transportador poderá ser desfeita.

No *booking* devem constar *nome do embarcador, importador ou consignatário, data de embarque, deadline do draft do conhecimento e deadlines da carga.*

## 4.10. Envio dos documentos originais da importação

Em toda e qualquer importação, é necessário apresentar documentos originais para a nacionalização da mercadoria. Os papéis de instrução da Declaração de Importação previstos no Regulamento Aduaneiro Brasileiro são:

I - via original do conhecimento de carga (AWB, CRT ou BL) ou documento equivalente, assinado.

II - via original da fatura comercial (*commercial invoice*), assinada pelo exportador.

III - romaneio de carga (*packing list*), quando aplicável, assinado pelo exportador.

IV - outros exigidos exclusivamente em decorrência de acordos internacionais ou de legislação específica.

Cabe ressaltar que, para o deferimento de Licenciamento de Importação de produtos com anuência de órgãos como Anvisa,

4° passo – Se envolva com a operação 107

Ministério da Agricultura, Ibama, Polícia Federal, ANP, Exército, entre outros, é necessário observar a legislação específica de cada órgão, que definirá o procedimento e documentos necessários. Detalharei sobre isso no capítulo "Se envolva com a operação".

Antigamente, a Receita Federal e demais órgãos exigiam a apresentação dos documentos originais fisicamente, porém com a implantação do Portal Único do Comércio Exterior (Vicomex), eles podem ser apresentados digitalmente, reduzindo a burocracia e o uso de papel. Alguns auditores fiscais da velha guarda relutam em utilizar somente documentos digitalizados e alguns ainda solicitam a apresentação física, em caso de canal amarelo ou vermelho. De qualquer maneira, isso não exime o importador de guardar os documentos originais físicos da importação pelo prazo de cinco anos. Explicarei o melhor procedimento a ser seguido a fim de evitar sua perda e as possíveis penalidades por falta deles.

O envio dos documentos originais físicos do exportador ao importador varia conforme o modal. O que sugiro é que, antes da emissão dos documentos finais por parte do exportador, um *draft* (esboço, rascunho) de cada um seja enviado por e-mail ao importador antes do embarque, para que os confira ou envie ao despachante aduaneiro para análise prévia e aprovação ou solicitação de correção. Após aceitação final pelo importador e/ou despachante aduaneiro, o exportador finalizará a emissão dos documentos e enviará por e-mail uma cópia fiel de cada um deles. Em posse dessas cópias, o importador montará a instrução de desembaraço e enviará ao despachante aduaneiro, para que este monte a Declaração de Importação no Siscomex ou em qualquer outro sistema previamente à chegada da mercadoria. Com isso, quando a mercadoria chegar à aduana brasileira, a DI estará montada e o processo de desembaraço alfandegário será realizado com a maior brevidade possível. Em caso de Licenciamento de Importação não automático, será necessário verificar junto ao despachante aduaneiro o procedimento de anuência antes do embarque da mercadoria.

No modal rodoviário, por se tratar de uma importação relativamente rápida, sugiro que o exportador coloque todos os documentos pertinentes dentro de um envelope e os entregue à transportadora no ato da coleta, para que venha para o Brasil junto do motorista e o preposto do despachante aduaneiro tenha acesso aos originais na chegada do caminhão à fronteira. Caso o preposto não os utilize para a liberação da mercadoria, ele enviará os originais ao despachante aduaneiro, que fará o fechamento do processo e enviará tudo ao importador, que arquivará devidamente. Dessa forma, sugiro deixar a transportadora ciente da importância dos originais para a liberação da mercadoria e que os responsabilizem pela sua custódia, a fim de evitar extravios em caso de troca de motorista ou transbordo de mercadoria e alteração de caminhão.

No modal aéreo, por se tratar de uma importação extremamente rápida em que a carga é despachada na origem e em poucos dias chega ao Brasil, os documentos originais devem ser entregues *em mãos* ao agente de cargas durante a coleta da mercadoria, independentemente do *Incoterm* negociado. Dessa forma, quando a aeronave pousar no aeroporto de destino no Brasil, o despachante aduaneiro terá acesso aos originais junto da companhia aérea ou agente de cargas, que informará o procedimento pré-estabelecido para retirá-los. Nessa modalidade, ressalto que não é aconselhável colocar os documentos dentro dos volumes ou anexados a eles, pois como a mercadoria fica armazenada no aeroporto após a chegada ao Brasil, o despachante não terá acesso facilmente à carga e, para isso, será necessário pagar pela movimentação da mercadoria para obter os originais. Por isso, é importante a entrega dos documentos pelo exportador ao agente de cargas na origem no ato da coleta da mercadoria.

No modal marítimo, devido ao trânsito (*transit time*) longo comparado com os outros, os documentos originais físicos são despachados ao importador via *courier* após o embarque da mercadoria. Por conta da demora, há tempo suficiente para despachá-los até que a mercadoria chegue ao Brasil. Nesse modal, é muito importante verificar com o exportador se o conhecimento de embarque marítimo (BL) será emitido e liberado na origem ou se será liberado no Brasil. Se for a primeira opção, o exportador deverá aguardar a chegada do BL para o envio completo de documentos ao importador.

Independentemente do modal utilizado, a Receita Federal não tem acesso aos documentos da importação até que lhe sejam apresentados. Feito isso, não é possível substituí-los, então antes de enviar a cópia fiel dos originais ao seu despachante ou aprovar a emissão ao exportador, tenha certeza absoluta que os mesmos estão corretos. Substituição de documentos após o início de liberação do processo caracteriza falsidade documental e o importador poderá responder administrativa e criminalmente por isso.

## 4.11. Despacho aduaneiro

É o procedimento fiscal pelo qual se processa o desembaraço aduaneiro das mercadorias importadas. Nele é verificada a exatidão dos dados declarados pelo importador, através da Declaração de Importação e documentos apresentados, cumprindo com o regulamento aduaneiro e legislação específica.

O início do processo de despacho de importação se dá por meio do registro da DI. O prazo em lei para o início do despacho é de até noventa dias após descarga, se a mercadoria estiver em zona primária, e até quarenta e cinco dias após esgotar-se o prazo de permanência da mercadoria em recinto alfandegado de zona secundária. O procedimento pode ser efetuado em zona primária ou em zona secundária.

## 4.11.1. ZONA PRIMÁRIA

É considerada zona primária o primeiro local de ingresso da mercadoria em território nacional vindo do exterior. Ou seja, portos, aeroportos e recintos alfandegados na fronteira.

## 4.11.2. ZONA SECUNDÁRIA

É considerada zona secundária a parte restante do território aduaneiro, como portos secos, Centro Logístico e Industrial Aduaneiro (CLIA) e Estação Aduaneira do Interior (EADI).

## 4.11.3. LICENCIAMENTO DE IMPORTAÇÃO

O Licenciamento de Importação, também conhecido como LI, é um documento eletrônico emitido pelo Siscomex. É utilizado para autorizar as importações de produtos cuja natureza ou tipo de operação se sujeita ao controle de órgãos anuentes, como Decex, Anvisa, Ministério da Agricultura (MAPA), Ibama, ANP, CNPq, Inmetro, entre outros. Cada um tem procedimentos próprios para verificação, autorização de embarque, deferimento e indeferimento do Licenciamento de Importação, prazo para análise e posicionamento. Exemplos são o Decex, que leva de dois a três dias úteis para análise, e o Inmetro, que leva uma média de trinta dias.

Dessa forma, antes de realizar a compra da mercadoria com o exportador, consulte seu despachante aduaneiro, para que ele verifique a necessidade ou não de emissão de Licenciamento de Importação. É necessário informá-lo a NCM do produto, para que através da TEC ou Siscomex ele verifique qual o "tratamento administrativo" necessário, observando principalmente os destaques disponíveis.

Se for necessário um LI prévio ao embarque, seu despachante aduaneiro informará o procedimento e documentos a serem submetidos ao órgão anuente, sendo imprescindível trabalhar com informações precisas. Não tendo todos os dados necessários, sugiro contatar e verificar o que for da alçada do fornecedor e de outros profissionais, como responsáveis técnicos, para haver êxito no processo e evitar qualquer tipo de contratempo, como o indeferimento do Licenciamento, gastos desnecessários com as taxas dos órgãos e atraso no embarque da mercadoria.

Muitos produtos estão dispensados da necessidade de LI não automático prévio ao embarque, porém é de extrema importância que, antes de adquirir qualquer artigo, seja feita a análise caso a caso. A multa por importação com LI não automático deferido pós-embarque é consideravelmente alta e pode levar à declaração de importação para uma parametrização diferente do canal verde, atrasando a liberação da mercadoria.

Em se tratando de importação de *produto usado*, é necessário deferimento do Licenciamento de Importação prévio ao embarque. Esse tipo de autorização é complexo, feito mediante comprovação de não produção de produto similar nacional e a contratação de empresas de assessoria em comércio exterior especializada nesse assunto.

## 4.11.4. DECLARAÇÃO DE IMPORTAÇÃO

A declaração de importação, também conhecida como DI ou extrato da DI, é um documento eletrônico emitido pelo Siscomex. Consolida as informações comerciais, estatísticas, tributárias, fiscais e cambiais de uma importação de mercadorias. O registro da DI de uma importação definitiva, na modalidade de despacho *normal*, só pode ser efetuado após a emissão da *presença de carga* pelo terminal alfandegado onde o produto se encontra armazenado. Após isso, é gerado um número aleatório chamado de número da DI, composto por 10 dígitos numéricos, começando sempre pelo ano em que a declaração é registrada.

Através dele, o despachante aduaneiro acompanha a liberação da mercadoria consultando o Siscomex ou o aplicativo para celulares da Receita Federal. O registro da DI representa o início do despacho aduaneiro. Se nessa operação houver Licenciamento de Importação, somente após o seu deferimento a DI poderá ser registrada. Não é possível registrá-la sem todas as informações necessárias devidamente inseridas no sistema, pois antes disso o Siscomex realiza um processo de análise, conferindo os dados declarados.

O extrato bancário do despachante aduaneiro constitui em comprovante de recolhimento dos impostos federais, que serão debitados automaticamente da conta corrente informada após autorização do banco baseado no CPF do titular a ser vinculado à DI. Os encargos federais recolhidos são discriminados na primeira página da Declaração e as informações complementares estão na página seguinte, cabendo ao despachante aduaneiro informar todos os dados pertinentes à liberação e, havendo alguma ressalva para comunicar à Receita Federal, também seja feita através dessa página. As demais laudas são da adição ou adições. Trata-se de informações sobre *o exportador, fabricante, NCM, descrição completa e detalhada dos produtos importados, quantidade, valor unitário de acordo com a unidade comercializada, os impostos recolhidos da adição específica e as alíquotas*. O Siscomex as separa de acordo com o exportador, fabricante e NCM. Quanto melhor a apresentação (*layout*) da fatura comercial, *packing list*, instrução de desembaraço com NCMs e descrições detalhadas, mais fácil será a montagem da DI. Sendo assim, lembre-se de que ela é o espelho dos documentos enviados ao despachante aduaneiro e também as informações da instrução de desembaraço. Quanto mais mastigado for o envio das informações ao prestador de serviço, mais completa e mais tranquila será a nacionalização da mercadoria.

O peso líquido e bruto por item é de extrema relevância e nem sempre vem discriminado corretamente no *packing list*, então é comum que o despachante aduaneiro solicite que o importador verifique essas informações com o exportador. Em caso de canal amarelo, vermelho ou cinza ou se a DI for registrada com peso divergente do real e a Receita Federal constatar o ocorrido, haverá possibilidade de multa e atraso na liberação.

A taxa de paridade da moeda estrangeira utilizada para o cálculo e recolhimento dos impostos da Declaração de Importação é a taxa de fechamento do banco central dois dias úteis anteriores ao registro. É importante ressaltar que a DI é registrada por cada conhecimento de embarque. Por exemplo, caso no mesmo conhecimento de embarque marítimo tenham três containers, somente uma DI será registrada; se tiver um por container, serão três Declarações. O honorário do despachante aduaneiro ou comissário de despachos é cobrado por DI/processo.

Quando o despachante questiona qualquer informação sobre a importação ou o produto importado, não significa que ele é exigente ou chato, mas que ele visa à liberação da mercadoria. A montagem e registro da Declaração de Importação é a etapa mais importante do processo e qualquer informação equivocada prejudicará a liberação da mercadoria; a retificação é complexa, principalmente se a DI já estiver desembaraçada no Siscomex.

Toda e qualquer exigência por parte da Receita Federal referente à liberação da mercadoria é efetuada via sistema ou via ofício e as respostas devem seguir a mesma regra, ou o direcionamento que o auditor fiscal solicitar. Há retificações que são complicadas de realizar e a compreensão do importador sobre o tempo que isso leva é de extrema importância para que o despachante aduaneiro realize o processo corretamente.

## 4.11.5. CANAL DE PARAMETRIZAÇÃO

Após o registro da Declaração de Importação, cada recinto alfandegado tem horários específicos para a seleção do canal de conferência ao qual o documento será submetido. Sendo assim, após o registro da DI, é necessário aguardar esse horário para que o Siscomex a submeta a uma análise fiscal e selecione o canal de conferência, procedimento conhecido como *parametrização*. Após esse horário, tanto o despachante aduaneiro quanto o importador saberão qual foi o canal de conferência parametrizado pela Secretaria da Receita Federal. Com isso, o despachante saberá de que maneira prosseguir com a liberação da mercadoria.

De modo geral, os terminais têm dois horários de parametrização, um no período da manhã e outro à tarde. Esse processo é totalmente aleatório e sistêmico. Abaixo uma breve explicação sobre o significado de cada canal de parametrização.

### 4.11.5.1. Análise fiscal

É o período no qual Receita Federal analisa as DIs que não tiveram o canal de parametrização automático, como os canais amarelo, vermelho e cinza. Em sua maioria, as declarações passam em canal verde, porém nesse período de análise, que varia de 4 a 5 horas dependendo do terminal, os auditores fiscais daquele recinto ou de algum outro departamento da Receita podem selecionar a DI para conferência aduaneira. Caso isso ocorra, deve-se seguir o mesmo procedimento adotado no canal vermelho. Tal seleção é apelidada "Canal Melancia", por ser verde por fora e vermelha por dentro.

### 4.11.5.2. Canal verde

Quando a DI é parametrizada em canal **verde**, significa que a importação foi liberada automaticamente pela Receita Federal, sem qualquer verificação. Dessa forma, a importação encontra-se desembaraçada, ou seja, liberada.

Cabe ressaltar que, caso a DI seja parametrizada em canal **verde** e haja alguma informação errônea como número de DTA, termo de entrada ou manifesto, o importador ficará impedido de retirar a mercadoria até que realize a retificação necessária, por meio de ofício ou via Siscomex.

*4.11.5.3. Canal amarelo*

Em caso de canal **amarelo**, significa ser necessário apresentar os documentos originais ou cópia fiel de sua instrução à Receita Federal. Geralmente consiste em conhecimento de embarque, fatura comercial, *packing list* e qualquer outro certificado que tenha sido informado na DI. Após a apresentação dos documentos, a DI é distribuída para um auditor fiscal, que fará a conferência desses documentos e da Declaração de Importação. O fiscal tem a prerrogativa de solicitar conferência física da mercadoria caso julgue necessário.

*4.11.5.4. Canal vermelho*

Quando a DI é parametrizada em canal **vermelho**, significa ser necessário apresentar os mesmos documentos do canal amarelo à Receita. Após a apresentação, a DI é distribuída para um auditor fiscal, que fará a conferência documental e agendamento da conferência física. Por fim, o despachante organizará com o terminal a separação da mercadoria conforme solicitado pelo auditor fiscal, para que este realize a verificação física do produto acompanhado do despachante aduaneiro e, geralmente, de um conferente do próprio terminal.

### 4.11.5.5. Canal cinza

Por fim, no canal **cinza**, faz-se necessária a apresentação dos documentos originais ou cópia fiel de sua instrução à Receita Federal (os mesmos documentos dos canais amarelo e vermelho). Após isso, os mesmos procedimentos dos itens anteriores serão tomados, inclusive o agendamento para conferência *in loco* do produto. A parametrização em canal cinza significa que o sistema da Receita Federal encontrou algum elemento indiciário de fraude, como o valor da mercadoria ou qualquer outra irregularidade, podendo abrir um procedimento especial de controle aduaneiro para verificar com mais profundidade as informações declaradas, como documentos, produto, capacidade financeira do importador, escolha da modalidade correta, entre outros dados.

Em caso de parametrização em canal amarelo ou vermelho, o prazo de análise da DI pelo auditor fiscal varia de acordo com a quantidade de declarações que ele tem para analisar diariamente. Em alguns terminais alfandegados, devido ao grande número de operações, o prazo pode se estender para mais de quinze dias.

Após a análise do processo pelo auditor fiscal e na ausência de qualquer irregularidade, ele desembaraça a DI no sistema, e, assim, o despachante aduaneiro dará andamento aos demais procedimentos para entrega da mercadoria ao importador. Havendo alguma irregularidade, o auditor fiscal fará a exigência via Siscomex, que, depois de cumprida, possibilitará a liberação da importação.

Em caso de canal cinza com abertura de procedimento especial pela Receita Federal, o prazo poderá se estender por noventa dias, prorrogáveis pelo mesmo período.

Independentemente de canal amarelo, vermelho ou cinza, a mercadoria fica retida até a liberação pela Receita, mesmo se tratando de mercadoria perecível.

Atualmente, os documentos originais ou sua cópia fiel podem ser apresentados eletronicamente via Vicomex, agilizando a distribuição do processo para o auditor fiscal responsável pela análise e liberação da mercadoria.

CANAIS DE PARAMETRIZAÇÃO

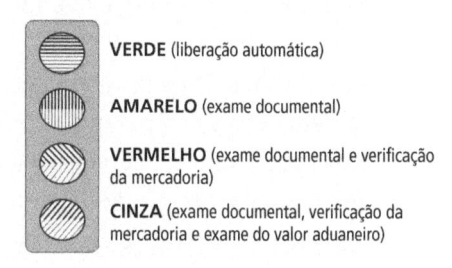

**VERDE** (liberação automática)

**AMARELO** (exame documental)

**VERMELHO** (exame documental e verificação da mercadoria)

**CINZA** (exame documental, verificação da mercadoria e exame do valor aduaneiro)

## 4.12. Desembaraço aduaneiro

É o processo de liberação de uma mercadoria junto à Receita Federal, ou seja, o ato final do despacho aduaneiro, em que o órgão federal considera a importação nacionalizada, ou seja, finalizada. Assim que o desembaraço aduaneiro da mercadoria constar no Siscomex (declaração desembaraçada), o despachante aduaneiro poderá emitir o comprovante de importação (CI), conforme veremos a seguir.

### 4.12.1. COMPROVANTE DE IMPORTAÇÃO

Conhecido como CI, o comprovante é um documento emitido pelo Siscomex após o desembaraço da declaração de importação. Nele constam o número da DI, data do registro, quantas retificações foram efetuadas se houver, dados do importador, canal de parametrização e data da liberação (desembaraço). Em posse do comprovante, do extrato da Declaração de Importação (DI), da liberação do ICMS, da nf-e de entrada e após dar baixa em todos os órgãos envolvidos, o importador estará apto a retirar a mercadoria do recinto aduaneiro, por meio da transportadora.

## 4.13. Fumigação

A fumigação é um tipo de controle de pragas, realizado através do tratamento com compostos químicos ou formulações pesticidas, também conhecidos como fumigantes, aplicados como vapor ou gás em um sistema hermético (fechado). Ele visa desinfetar materiais, objetos e instalações que não podem ser submetidos a outras formas de tratamento. Sempre que se tratar de embalagem de madeira, como *pallet*, caixote, engradado, suporte ou armação, o importador deverá sempre exigir do exportador que a madeira utilizada seja fumigada, carimbada e certificada.

Os dois tipos de fumigação mais comuns e utilizados pelos exportadores para as importações brasileiras são o Brometo de Metila (MB) e o *Heat Treatment* (HT). O primeiro prejudica a Camada de Ozônio, então após a assinatura do Protocolo de Montreal, seu uso vem caindo consideravelmente em muitos países. As embalagens são colocadas em uma câmara hermética de lona ou em container, onde o gás MB é aplicado e age por 24 horas, com mais três horas de aeração/ventilação. Seu custo é pelo menos 1/3 do custo do tratamento em HT, que consiste em submeter a madeira a um ciclo de aquecimento em uma câmara térmica pelo período de 30 minutos.

### 4.13.1. VISTORIA NA EMBALAGEM DE MADEIRA

Toda vez que um produto embalado com madeira é importado ao Brasil, o despachante aduaneiro entra com um requerimento ao Vigiagro do local, solicitando vistoria da embalagem antes de retirar a mercadoria do recinto alfandegado. Dessa maneira, o processo é distribuído a um fiscal agropecuário, que fica responsável por realizar a vistoria física do embrulho. Se constatado alguma irregularidade, o fiscal preenche um Termo de Ocorrência solicitando regularização, apresentação de documentos ou a devolução da embalagem ao exterior, algumas vezes junto com a mercadoria dependendo da gravidade.

Recentemente houve a publicação da Instrução Normativa MAPA nº 32/2015 (IN 32 de 28 de setembro de 2015), que estabeleceu procedimentos de fiscalização mais rígidos. Antes dela, as embalagens de madeira que não viessem tratadas ou fumigadas de outros países poderiam passar por um tratamento de fumigação no Brasil. Agora, a embalagem de madeira deve sair do país de origem fumigada, carimbada e certificada. O documento que prova que a madeira realmente foi tratada é o Certificado Fitossanitário, emitido oficialmente pelo Ministério da Agricultura do país de origem e não pode ser negado pelo Ministério da Agricultura brasileiro.

Já o Certificado de Fumigação, por ser emitido por uma empresa terceira que presta o serviço na origem, pode ser negado pelo MAPA brasileiro e o importador correrá sérios riscos de não conseguir a liberação da embalagem em caso de constatação de pragas na madeira ou ausência da marca internacional. Nesses casos, o fiscal agropecuário exigirá a devolução da embalagem à origem e todo o custo do procedimento será de responsabilidade do importador brasileiro.

A marca internacional (carimbo) que deve constar na embalagem de madeira é chamada de IPPC. Ela certifica que a madeira foi submetida a um tratamento fitossanitário oficial, aprovado e reconhecido pela NIMF 15.

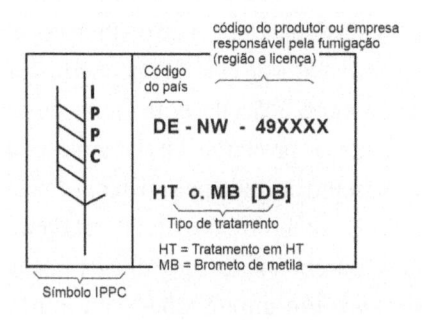

## 4.14. Nota fiscal de entrada

Após o desembaraço da mercadoria, o importador emitirá uma nota fiscal de entrada da importação, para que o produto possa ser retirado fisicamente do recinto alfandegado e transportado legalmente em território nacional. A nota fiscal de entrada, conhecida como nf-e ou Danfe, é um documento nacional emitido por um sistema ERP, gratuito ou não. Ela comprova fiscalmente a entrada da mercadoria importada em seu estoque e contabilmente no livro de Registro de Entradas, ou seja, nada mais é do que um espelho da Declaração de Importação (DI), mas, diferentemente, não há tributação incidente, pois os impostos já foram recolhidos no registro da DI. Após a liberação da mercadoria, o despachante aduaneiro ou a comissária de despachos enviará ao importador o extrato da Declaração de Importação (DI), o Comprovante de Importação (CI), guia de ICMS recolhida ou de suspensão e demais documentos, para que o importador possa emitir a nota fiscal de acordo com as exigências da Secretaria da Fazenda do Estado (Sefaz).

Muitos importadores dependem de contadores para a emissão desse documento, porém a responsabilidade dessa tarefa é do importador e toda e qualquer demora gerará mais armazenagem no recinto alfandegado, aumentando o custo de liberação. Por isso, não terceirize essa atividade e procure aprender a emiti-la devidamente. A Danfe é vista como um dos maiores gargalos na importação, diante da dependência de contadores e da dificuldade de entendimento do sistema de emissão por parte dos importadores.

Para facilitar a expedição da nota fiscal de entrada, muitos despachantes aduaneiros procuram enviar um espelho ou demonstrativo. É um documento emitido pelo sistema do despachante, que serve para facilitar o entendimento do layout da nf-e e esclarecer eventuais dúvidas, porém não tem legalidade fiscal alguma já que é somente ilustrativo. Em importações com muitos itens, sugiro ter um software (ERP) capaz de efetuar a leitura de arquivos em .xml. A declaração de importação pode ser extraída do Siscomex nesse formato, então praticamente todas as informações podem ser encontradas nele, facilitando o preenchimento da nota fiscal de entrada ao realizar o *upload* em seu sistema (veremos mais informações sobre ERP em seguida).

É de extrema importância utilizar o campo "informações complementares" da nota fiscal para comunicar dados relevantes da importação, como número da Declaração e sua data, local de desembaraço, referência interna e do despachante, modalidade do câmbio e demais informações que sejam esclarecedoras tanto ao importador quanto ao Fisco ou qualquer outro profissional que tenha acesso ao documento. Uma dica relevante que sempre procuramos transmitir ao empreendedor é que, no ato da compra, observe a maneira como será efetuado o controle de estoque. Por exemplo, se você comprar cem bacias vermelhas e cem azuis, solicite ao exportador que os itens sejam separados por cor na fatura proforma, pois a fatura comercial será espelho dela assim como a declaração de importação será da fatura comercial, a nota fiscal de entrada da declaração e seu estoque será espelho da nf-e. Se não houver tal organização, seu controle de estoque pode ser prejudicado durante suas vendas.

Outro ponto importante é o seu código do item interno. Como a fatura comercial menciona o código do item do exportador e muitos importadores criam outras combinações após cadastrarem esses produtos no software da empresa, sugiro mencionar ambos os códigos na nota fiscal de entrada. Primeiro para facilitar o controle e segundo para evitar que o número do item do exportador seja mencionado nas notas de venda, a fim de preservar o sigilo do seu fornecedor. Muitos compradores já conseguiram identificar exportadores de concorrentes através dos seus códigos nas notas fiscais de venda, então procure criar os seus próprios para cada item importado.

## 4.14.1. CFOP

O CFOP é o Código Fiscal de Operações e Prestações indicado nas emissões de notas fiscais. Basicamente possui dois critérios, de acordo com o tipo da nota fiscal, de entrada ou saída. Trata-se de um código numérico que identifica a natureza da circulação da mercadoria. Nas importações, os CFOPs mais utilizados são:

- 3.000 - Entrada ou aquisição de serviços do exterior.
- 3.100 - Compra para industrialização, comercialização ou prestação de serviços.
- 3.101 - Compra para industrialização ou produção rural.
- 3.102 - Compra para comercialização.
- 3.126 - Compra para utilização na prestação de serviços.
- 3.127 - Compra para industrialização sob o regime de "*drawback*".
- 3.900 - Outra entrada de mercadoria ou aquisição de serviços.
- 3.930 - Lançamento efetuado a título de entrada de bem, sob amparo de regime especial aduaneiro de admissão temporária.
- 3.949 - Outra entrada de mercadoria ou prestação de serviço não especificado.

Cada código é composto por quatro dígitos. Através do primeiro número é possível identificar qual o tipo de operação que está sendo realizada. Havendo qualquer dúvida, entre em contato com a contabilidade para saná-las e obter maiores esclarecimentos.

## 4.15. Software de gestão empresarial

O software de gestão empresarial contratado pelo importador, também conhecido como *Enterprise Resource Planning* (ERP), deve ser previamente analisado com cuidado para agregar agilidade na gestão da importadora. É comum nos depararmos com importadores tendo dificuldade na emissão de notas fiscais de entrada, de saída, sistema fora do ar etc. Dessa forma, ao contratar um ERP, é importante analisar suas funcionalidades: se são fáceis de utilizar, se o sistema é WEB ou se será instalado diretamente no servidor da importadora, se verifica o controle de estoques, o financeiro, conciliação bancária, cadastro de produtos, fornecedores, transportadoras, se o sistema está homologado para emissão de nota fiscal de entrada de importação pelo Sefaz do seu estado, se seus profissionais que utilizarão o sistema diariamente estão capacitados para tal e, principalmente, o suporte técnico. Sugiro conversar com outros empresários que já utilizem o sistema desejado para obter um *feedback* e mais segurança na escolha. Efetuar a troca de sistemas de gestão após o início das atividades da empresa é um procedimento árduo e muitas vezes custoso.

É importante ressaltar que a maioria dos softwares são bons, mas, para que tenha o resultado desejado, deve ser alimentado corretamente por todos os usuários.

# 5° passo
# Concentre-se na sua operação

*"Organização é sinal de evolução"*
*Dr. Celso Charuri*

## 5. DOCUMENTAÇÃO E LEGISLAÇÃO

Neste capitulo, explicarei o conceito e função de cada documento de importação. Mostrarei os principais pontos que devem ser levados em consideração para sua conferência e aprovação ao exportador e demais empresas envolvidas no processo. Esses documentos são utilizados para o desembaraço da mercadoria, e o regulamento aduaneiro estabelece os requisitos necessários para que sejam emitidos em boa ordem. Porém, alguns pontos não são claros, então compartilharei informações para o bom andamento do processo de liberação da importação, a fim de evitar divergências e transtornos.

### 5.1. Regulamento aduaneiro

O regulamento aduaneiro é um Decreto Federal que regulamenta a administração das atividades aduaneiras, a fiscalização, o controle e a tributação das operações do comércio exterior brasileiro. O Decreto Federal N° 6759 de 2009 (regulamento aduaneiro vigente) contém 820 artigos, divididos em oito livros:
- livro I, trata da jurisdição aduaneira e do controle aduaneiro de veículos.
- livro II, trata dos impostos de importação e exportação.
- livro III, trata dos demais tributos (impostos, taxas e contribuições) incidentes.

- livro IV, trata dos regimes aduaneiros especiais.
- livro V, trata do controle aduaneiro de mercadorias.
- livro VI, trata das infrações e penalidades aduaneiras.
- livro VII, trata do crédito tributário, do processo fiscal e administrativo.
- livro VIII, regras finais e transitórias.

É através desse regulamento aduaneiro e demais legislações, como Decretos-Lei, Medidas Provisórias, Portarias, Instruções Normativas e Circulares, que os auditores fiscais da Receita Federal, despachantes aduaneiros, importadores e outros prestadores de serviços atuam, observando toda e qualquer atualização. Cada documento explicado ao longo deste livro tem como base essas legislações.

## 5.2. Conhecimento de embarque aéreo

Utilizado no modal aéreo, ele é emitido pela companhia aérea ou agente de cargas para transportes comerciais. Diferencia-se através de três conhecimentos de embarque:

### 5.2.1. AWB

Conhecido como *Air WayBill* ou AWB direto, é o conhecimento de embarque emitido diretamente da companhia aérea para cargas não consolidadas. É muito utilizado em embarques aéreos com a condição de venda *prepaid*.

### 5.2.2. MAWB

Conhecido como *Master Air Way Bill*, é o conhecimento de embarque emitido pela companhia aérea para o agente de cargas em casos de cargas consolidadas. Representa a totalidade de carregamentos recebidos pelo agente de cargas na origem, pertencentes a diversos exportadores, que serão consolidados em um único embarque. Esse documento não é liberado ao exportador nem ao importador.

### 5.2.3. HAWB

Conhecido como *House Air Way Bill*, ele é emitido pelo agente de cargas da origem e entregue à companhia aérea para amparar o embarque aéreo contratado. Corresponde a uma parte ou fração da carga total consolidada no MAWB e deve estar consignado ao importador.

Independentemente do conhecimento de embarque aéreo utilizado, o mesmo padrão será seguido. Ao receber o *draft* para análise e aprovação, verificam-se os seguintes campos: *dados completos do embarcador/exportador e do importador/consignatário com CNPJ, aeroporto de origem e destino, moeda do frete internacional, dados do voo, quantidade de volumes, peso bruto e peso taxado, taxas, breve descrição do produto e valor do frete internacional destacado*. É necessário confirmar se o *valor destacado* está correto e, no campo *collect* ou *prepaid*, verificar o *local* e *data de emissão*. O conhecimento de transporte e os dados mencionados são declarados em inglês.

É importante averiguar se o valor do frete internacional está destacado independentemente do *Incoterm*. Isso é obrigatório no Brasil, pois essa quantia compõe o valor CIF, que é base de cálculo dos impostos de importação. Alguns países aceitam os termos "*as agreed*" ou "*as arranged*" sem destacar o valor do frete internacional. Também importa confirmar se o AWB será assinado pelo transportador, seja companhia aérea ou agente de cargas. O conhecimento de embarque aéreo constitui recibo da mercadoria entregue para transporte e no seu verso há os termos e condições.

A companhia aérea utiliza esse documento para lançar as informações no sistema Mantra quando da desconsolidação, previamente à chegada da mercadoria aos aeroportos brasileiros. Explicarei com mais detalhes a seguir, pois é imprescindível que o AWB seja conferido e emitido corretamente a fim de evitar retificações no sistema, multas e atraso na liberação da mercadoria.

## 5.3. Conhecimento de embarque marítimo

Utilizado no modal marítimo, ele é emitido pelo armador ou agente de cargas para transportes comerciais. Diferencia-se através de três conhecimentos de embarque:

### 5.3.1. BL

Conhecido como *Bill of Lading* ou BL direto, é o conhecimento de embarque emitido diretamente pelo armador para cargas não consolidadas e *full containers* (FCL/container cheio). É muito utilizado em embarques marítimos com a condição de venda *prepaid*.

### 5.3.2. MBL

Chamado *Master Bill of Lading*, é o conhecimento de embarque emitido pelo armador para o agente de cargas, em casos de embarques consolidados ou únicos. Representa a totalidade de carregamentos recebidos pelo agente na origem, advindos de diversos exportadores, que serão consolidados em um único embarque ou em um container ou mais. Esse documento não é liberado ao exportador nem ao importador.

### 5.3.3. HBL

Esse conhecimento de embarque entregue ao exportador e emitido pelo agente de cargas da origem, ou liberado por ele no Brasil, é chamado *House Bill of Lading* e corresponde a uma parte ou fração da carga total consolidada no MBL. Esse documento pode ser consignado ao banco, quando amparado por algum financiamento, ou direto ao importador. Não é aceito endosso de BL para um importador diferente do real. Qualquer dúvida sobre, contate seu despachante aduaneiro. Atualmente, existem controles rígidos sobre endosso de BL por parte da Receita Federal.

Independentemente do conhecimento de embarque marítimo utilizado, será seguido um mesmo padrão. Ao receber o *draft* para análise e aprovação, verificam-se os seguintes campos: *dados completos do embarcador/exportador e do importador/consignatário com CNPJ, dados completos da empresa a ser notificada sobre a chegada do embarque, porto de origem, de destino e descarregamento, moeda do frete internacional e valor destacado, dados do navio e viagem, marcações nas embalagens, quantidade e tipo de volumes, tipo, lacre e número do container, peso bruto, cubagem, breve descrição do produto e demais informações pertinentes, NCM, pagamento do frete internacional se* prepaid *ou* collect, *local de embarque* e *data de emissão*. O conhecimento de transporte e os dados mencionados acima são declarados em inglês.

A verificação do valor do frete internacional ocorre do mesmo modo que no modal aéreo, já que ele compõe o valor CIF, que é base de cálculo dos impostos. Outro ponto importante é confirmar se o BL será assinado pelo armador ou agente de cargas. O conhecimento de embarque marítimo constitui recibo da mercadoria entregue para transporte e no seu verso há os termos e condições. A confirmação do embarque é declarada através da expressão "*shipped on board*", mencionada no corpo do documento.

O agente de cargas e o armador utilizam o BL, MBL e/ou HBL para lançar as informações no Sistema da Marinha Mercante e Siscarga quando da desconsolidação, previamente à vinda da mercadoria aos portos brasileiros. Diferente do embarque aéreo, no conhecimento de embarque marítimo é obrigatório mencionar os quatro primeiros dígitos de todas as NCMs vinculadas. Sem essas informações no BL, o armador ou agente de cargas ficarão impedidos de realizar a desconsolidação. Explicarei sobre isso com mais detalhes no decorrer deste capítulo, pois é imprescindível que o BL seja conferido e emitido corretamente a fim de evitar retificações no sistema.

## 5.4. Conhecimento de embarque rodoviário

Trata-se do conhecimento de embarque utilizado no modal rodoviário, emitido pela transportadora para transportes internacionais de carga. Diferencia-se por duas categorias:

### 5.4.1. CRT

Conhecido como CRT ou Conhecimento de Transporte Internacional por Rodovia, ele é emitido diretamente pela transportadora, para cargas LTL (*less truck load*) e FLT (*full truck load*), sem a intervenção de agente de cargas. Nesse caso, a transportadora pode ter prepostos em diversas regiões e fronteiras para responder por ela, mas não são agentes de cargas que compram e vendem frete internacional rodoviário, como nos demais modais.

Ao receber o *draft* do CRT para análise e aprovação, os seguintes campos devem ser verificados: *dados completos do remetente/exportador e do destinatário/importador com CNPJ, dados completos da empresa a ser notificada sobre a chegada do embarque e da transportadora, local de carregamento, destino e descarregamento, moeda do frete internacional e seu valor destacado, Incoterm, marcações nas embalagens, quantidade e tipo de volumes, peso bruto e líquido, breve descrição do produto e demais informações pertinentes, pagamento do frete internacional se pago na ORIGEM ou DESTINO, local de embarque e data de emissão.*

Além de verificar se o valor do frete internacional está destacado, é importante confirmar se o CRT será assinado devidamente pela transportadora. Assim como no modal aéreo e marítimo, ele constitui recibo da mercadoria entregue para transporte e no seu verso há os termos e condições. Se alguma avaria for constatada na chegada da mercadoria ao destino, o destinatário deve declarar as informações no CRT, para amparo legal por parte da seguradora. Diferente dos demais modais, para o rodoviário não há um sistema de lançamento de informações prévio à chegada da mercadoria à fronteira.

## 5.4.2. MIC/DTA

No modal rodoviário, há um documento adicional, obrigatório em viagens internacionais e combinado conhecido por MIC/DTA ou Manifesto Internacional de Cargas/Declaração de Trânsito Aduaneiro. Ele dispensa a necessidade de vistoria de carga em fronteira e permite que a nacionalização da mercadoria seja efetuada em um porto seco mais próximo ao importador, em caso de Despacho de Trânsito Aduaneiro (DTA) ou para realizar a passagem (cruze) de um país ao outro. O CRT, o MIC/DTA e os dados mencionados neles podem ser declarados em português ou espanhol.

## 5.5. Fatura proforma

Após a negociação de valores e demais condições de compra e venda entre importador e exportador, este último emitirá a fatura proforma, também conhecida como *proforma invoice* ou PI. Com base no pedido de compra (PO), esse documento também pode ser considerado a formalização do pedido e até um contrato entre as partes. Na fatura devem constar todos os dados negociados, via e-mail ou pessoalmente, como: *data, número da PI, dados completos do exportador e importador com CNPJ, Incoterm, modal, porto/aeroporto/local de embarque e desembarque, tipo de embalagem, forma e termos de pagamento da mercadoria, quantidade, descrição completa e detalhada, valor unitário, valor total, moeda negociada, prazo de produção, garantia (se houver) e seu prazo, dados bancários do exportador com código SWIFT e multa, por descumprimento de algo negociado ou por qualquer atraso.*

Uma vez conferida pelo importador, ele a assina e a envia ao exportador, para que assine e devolva, formalizando a negociação. É esse documento, emitido predominantemente em inglês, que o importador repassa ao banco para o fechamento de câmbio antecipado, caso o pagamento da mercadoria negociado em questão seja adiantado, conforme informado no capítulo "Se envolva com a operação".

É importante detalhar ao máximo as informações nesse documento, para que o exportador entenda todas as exigências e possa efetuar corretamente cada solicitação. Em caso de não cumprimento do pedido de acordo com o negociado na fatura proforma, ela pode ser usada judicialmente para cobrar os direitos do importador. Por esse e outros motivos, a emissão correta e a averiguação do documento pelo importador é de extrema importância para o bom andamento da importação e manutenção do relacionamento entre as partes.

Esse documento não é utilizado no despacho aduaneiro de importação definitiva, mas somente em admissão temporária para feira, treinamento ou, em alguns casos, de entreposto aduaneiro.

## 5.6. Fatura comercial

A fatura comercial, também conhecida como *commercial invoice* (CI) ou *invoice,* é uma nota fiscal internacional, emitida pelo exportador ao importador. Basicamente, é o espelho da fatura proforma, que descreve a mercadoria embarcada de acordo com o pedido solicitado. Trata-se de um dos principais documentos na importação, pois é utilizada no despacho aduaneiro do produto ou no despacho de trânsito aduaneiro (DTA). De acordo com o regulamento alfandegário, nela devem constar as seguintes informações: *data da emissão, número da fatura comercial, dados completos do exportador com endereço e do importador com CNPJ e endereço, Incoterm, modal, porto/aeroporto/local de embarque e desembarque, tipo de embalagem, forma e termos de pagamento da mercadoria, quantidade, espécies de volumes, marcas, numeração, descrição completa e detalhada da mercadoria, valor unitário e total, moeda negociada, peso líquido e bruto, país de origem, país de aquisição e procedência.* Se os fabricantes forem diferentes do exportador ou se o frete e o seguro internacional forem contratados na origem pela modalidade *prepaid*, ambos os valores deverão ser destacados na fatura comercial.

É importante ressaltar que, em caso de omissão de informação e parametrização da Declaração de Importação em canal amarelo, vermelho ou cinza, o auditor fiscal da Receita Federal poderá autuar o importador, conforme prevê a legislação aduaneira. A dificuldade de inclusão de todas as informações necessárias é real, pois muitos sistemas (ERP) dos exportadores são limitados. Desta forma, se não houver o campo correto no formulário da fatura do exportador, ele poderá informar os dados no corpo do documento.

Diante de tantas exigências dos importadores, os chineses criaram o hábito de utilizar o Excel para emissão da fatura comercial, tendo assim maior flexibilidade. Ela é usualmente emitida em inglês e deverá ser assinada pelo exportador com caneta azul. Conforme explanado em outro capítulo, a emissão do *draft* e envio prévio ao importador ou ao despachante aduaneiro é muito importante para que o documento seja conferido e corrigido caso necessário, antes da emissão do original final.

## 5.7. Romaneio de carga

O romaneio de carga, também conhecido como *packing list* ou PL, é um documento emitido pelo exportador ao importador. Relaciona os volumes embarcados e uma breve descrição do conteúdo, peso líquido e bruto por item e total, marcações, numeração e dimensões de cada volume. Assim como na fatura comercial, deve constar: *data de emissão, número do romaneio de carga, dados completos do exportador com endereço, o CNPJ do importador e seu endereço, Incoterm, modal e porto/aeroporto/ local de embarque e desembarque.*

A principal finalidade desse documento é auxiliar o importador na localização da mercadoria dentro de cada volume após a sua nacionalização. Em vistoria física por algum órgão anuente, o romaneio ajudará a identificar os produtos, e em parametrização da Declaração de Importação em canal amarelo, vermelho ou cinza, auxiliará o conferente do terminal ou técnicos/fiscais da Receita Federal do Brasil a encontrar os itens. É de posse desse documento que o importador ou despachante aduaneiro confere e aprova o conhecimento de embarque. Em se tratando de licenciamento de importação não automático, ele é confeccionado com base no peso líquido informado e enviado para autorização do embarque ou deferimento. Assim como a fatura comercial, é utilizado no despacho aduaneiro, então a emissão do *draft* e envio prévio ao importador ou ao despachante aduaneiro é de extrema importância para que o documento seja conferido e corrigido caso necessário, antes da emissão do original final. Também deve ser assinado por caneta azul.

## 5.8. Certificado de Origem

Na importação de mercadoria que goze de tratamento tributário favorecido em razão de sua origem, sua comprovação é feita através da apresentação do Certificado de Origem. Também conhecido como *Certificate of Origin* ou CO, é um documento que comprova a origem da mercadoria, ou seja, seu país de fabricação. Costuma ser emitido pelo exportador, preferencialmente quando há benefício fiscal ao importador.

O Brasil, além de pertencer ao bloco econômico Mercosul, possui acordo bilateral com diversos países. Por isso, em importações de alguns deles, é indispensável a posse do CO para atestar a origem do bem e garantir a redução ou isenção do Imposto de Importação ao importador na nacionalização da mercadoria.

Os pontos analisados no Certificado de Origem são basicamente os *dados do exportador e do importador, data de emissão, numeração, número e data da fatura comercial, origem, destino, NCM, descrição da mercadoria e menção ao acordo do bloco econômico ou bilateral.* Se o exportador for diferente do fabricante, os dados deste devem constar nas informações complementares ou observações.

O Certificado de Origem é emitido por associações, federações de indústria e comércio ou qualquer instituição autorizada, devendo ser assinado pela entidade certificadora e, em alguns casos, pelo exportador. Seus dados devem coincidir com os da fatura comercial da importação. O CO tem validade de cento e oitenta dias, contados a partir da sua data de emissão.

É importante ressaltar que para que o benefício seja concedido ao importador na nacionalização da mercadoria, o produto deverá ter sido fabricado no país que possui acordo econômico com o Brasil. Se o importador comprar do Paraguai um produto que tenha sido fabricado na China, por exemplo, ele não terá direito de redução ou isenção do Imposto de Importação.

## 5.9. Contrato de câmbio

O contrato de câmbio é um instrumento firmado entre o vendedor da moeda estrangeira e o comprador, no caso a instituição financeira e o importador, respectivamente. Esse documento é gerado pelo banco ou corretora contratada para o fechamento de câmbio da operação comercial internacional. Nele, constam todos os dados do procedimento realizado.

## 5.10. Certificado Sanitário e Fitossanitário

O Certificado Sanitário, ou *Sanitary Certificate*, e o Certificado Fitossanitário, também conhecido como *Phytosanitary Certificate*, são documentos exigidos pelo Ministério da Agricultura Brasileiro para o ingresso de mercadorias cárneas e vegetais. Ambos são emitidos pelo órgão correspondente do país de origem e, no Brasil, é feito pelo Ministério da Agricultura, Pecuária e Abastecimento (MAPA). Esses documentos atestam a condição sanitária e fitossanitária do lote exportado ao Brasil.

Para sua emissão na origem, é necessária a vistoria física do lote por algum fiscal do Ministério responsável. Assim como nos documentos citados anteriormente, é importante enviar o *draft* deles para análise e aprovação do despachante aduaneiro, antes da emissão das vias originais.

## 5.11. Certificado de Seguro Internacional

O Certificado de Seguro Internacional, também conhecido como *Insurance Certificate*, é um documento emitido pela seguradora ou corretora de seguros, confirmando a contratação do seguro internacional referente a um determinado embarque de mercadoria. Pode estar diretamente vinculado a uma determinada apólice do exportador ou da corretora que ele contratou, informando os procedimentos a serem adotados em caso de algum tipo de sinistro. Esse certificado é emitido principalmente quando a contratação do seguro internacional é efetuada na origem pelo exportador, em caso de condição de venda *prepaid* com contratação de seguro.

Sua cobertura tem início no instante da saída da mercadoria do armazém do exportador e término ao ser entregue no local designado. Em caso de algum tipo de sinistro, nesse certificado haverá o telefone da seguradora ou representante da mesma no Brasil, para entrar em contato e verificar o procedimento a ser adotado.

Quando o seguro internacional é contratado de uma seguradora no Brasil ou através da apólice do seu agente de cargas ou despachante aduaneiro, eles fazem sua averbação eletronicamente no sistema da seguradora, não emitindo o certificado. Esse documento não é apresentado à Receita Federal para desembaraço da mercadoria.

## 5.12. Certificado de Fumigação

Trata-se de um documento que comprova que o produto ou embalagem passou por um processo desinfetante na origem. Nele devem constar o tipo e tempo de tratamento, prazo recomendado de isolamento e liberação. Lembrando que somente a sua posse não é suficiente para aceitação do MAPA no Brasil. Além disso, a madeira deverá estar carimbada, de acordo com a norma internacional NIMF 15.

## 5.13. Certificado de Qualidade

O Certificado de Qualidade, ou do inglês *Quality Certificate*, é um documento emitido usualmente por uma certificadora de qualidade internacional, como SGS e *Bureau Veritas*. Elas são indicadas tanto pelo importador quanto pelo exportador, dependendo do nível de exigência de qualidade daquele.

Esse atestado tem como finalidade afirmar a qualidade do lote do produto importado. Em alguns casos específicos, atesta a homologação da fábrica e de determinadas famílias de produtos produzidas pelo fabricante, como aqueles com certificação pelo Inmetro. O certificado não é apresentado à Receita Federal para desembaraço aduaneiro.

## 5.14. Declaração de Exportação Estrangeira

Em importações do Mercosul, é necessário informar o número da Declaração de Exportação Estrangeira do exportador na DI do Siscomex. Por isso, o exportador deverá informar essa numeração ao importador assim que finalizar o desembaraço de exportação, para que o despachante aduaneiro brasileiro informe este número na DI. Sem isso, não será possível efetuar o registro dela e, consequentemente, a nacionalização da mercadoria.

Aos importadores de produtos muito visados pela Receita Federal do Brasil, como eletrônicos, produtos de informática, óculos, bijuterias, semijoias, entre outros, sugiro que, independentemente da origem da importação, sempre solicite ao exportador o extrato da Declaração de Exportação, mesmo que em língua estrangeira. Havendo fiscalização ou questionamento da Receita Federal sobre a valoração da mercadoria importada, o importador estará protegido de acusações de subfaturamento ou qualquer outra alegação, já que esse documento comprova o real valor do produto no país de origem coincidindo com o contrato de câmbio fechado para pagamento da mercadoria.

Os principais papéis utilizados na importação são o conhecimento de embarque, fatura comercial e romaneio de carga (*packing list*). Porém, como já explicado, cada operação tem necessidades específicas. Para ter certeza das exigências documentais para importar o produto que deseja, sugiro contatar seu despachante aduaneiro para melhores esclarecimentos.

## 5.15. Sistemas públicos brasileiros

Os sistemas públicos utilizados no comércio exterior brasileiro, tanto pela Receita Federal quanto pelos órgãos anuentes, são complexos e avançados. Cada um tem sua função própria e procedimento específico para utilização. Dessa forma, os despachantes aduaneiros e demais prestadores de serviços precisam de um conhecimento profundo para poder utilizá-los diariamente, tendo em vista que todas as informações são imputadas diretamente nesses sistemas eletrônicos e, uma vez colocadas, sua retificação ou exclusão só é possível mediante autorização do fiscal do órgão responsável. Sendo assim, todos os profissionais de comércio exterior que tenham acesso a esses sistemas devem se atualizar e se reciclar sobre sua utilização, através da leitura dos manuais disponibilizados nas atualizações rotineiras.

É comum eles ficarem fora do ar quando estão passando por melhorias ou quaisquer reparos. Veremos a seguir as principais funções de cada um deles.

### 5.15.1. SISCOMEX

O Siscomex integra as atividades de registro, acompanhamento e controle das operações de comércio exterior do Brasil mediante fluxo único e computadorizado. Por intermédio dele, as operações de exportação e importação são registradas e, em seguida, analisadas pelos órgãos gestores do sistema, que são a Secretaria da Receita Federal do Brasil (RFB), a Secretaria de Comércio Exterior (Secex) e o Banco Central do Brasil (Bacen). Os atos legais, regulamentares e administrativos que alteram, complementam ou produzem efeitos sobre a legislação do comércio exterior vigente são implementados no Siscomex concomitantemente à sua entrada em vigor no país.

Dessa forma, esse sistema permite tanto aos órgãos gestores quanto às demais entidades governamentais, que intervêm no comércio exterior como anuentes de algumas operações (controle administrativo), acompanhar, controlar e interferir no processo de entrada ou saída de produtos do país.

Para processar suas operações de exportação e importação, o importador pode ter acesso ao Siscomex a partir de seu próprio estabelecimento; já as empresas, a admissão se dá desde que disponham dos equipamentos e condições de acesso necessários, utilizem despachantes aduaneiros credenciados no sistema ou utilizem a rede de computadores colocada à disposição dos usuários pela Receita Federal em alguns aeroportos e portos.

## 5.15.2. VICOMEX

Trata-se do novo sistema de Visão Integrada do Comércio Exterior (Vicomex), que foi desenvolvido com o objetivo de simplificar o monitoramento das importações e exportações. Ele une em uma única plataforma a atuação dos órgãos intervenientes envolvidos nessas atividades e concentra, em um ponto, as informações que antes eram dispersas em diferentes módulos do Siscomex.

O acesso ao Vicomex é franqueado tanto aos responsáveis legais das importadoras quanto aos representantes legais, sempre com autorizações/perfil pertinente(s) à Receita Federal do Brasil.

## 5.15.3. E-CAC

O e-CAC é o Centro Virtual de Atendimento ao Contribuinte, o portal de serviços da Receita Federal que permite a comunicação via internet com o contribuinte. É através dele que são acompanhados os processos administrativos para obtenção do Radar-Siscomex, admissão temporária ou qualquer outro tipo de processo aberto. O acesso a ele se dá através do Certificado Digital, seja e-CPF ou e-CNPJ. Sendo assim, caso queira delegar o acompanhamento dos seus processos no e-CAC, é necessário realizar uma procuração eletrônica ao seu prestador de serviço, determinando data de validade e informações que poderá ter acesso. Após a implantação do e-CAC, a Receita Federal eliminou o envio de comunicação ao contribuinte via correios.

## 5.15.4. MANTRA

É um dos sistemas de comércio exterior utilizados pela Receita Federal, pelas concessionárias aeroportuárias e companhias aéreas para o acompanhamento de cargas na importação ou na exportação. Esse sistema integrado gerencia o manifesto do trânsito e do armazenamento e controla os carregamentos procedentes do exterior e de trânsito aduaneiro, da chegada até a saída da zona primária nos aeroportos internacionais do Brasil. Toda manifestação da carga nesse sistema é efetuada pelo transportador antes da chegada ao território nacional.

As informações lançadas no Mantra são obtidas através do conhecimento de embarque aéreo, tanto MAWB quanto HAWB. Após a chegada, o armazenamento e registro no sistema ficam por conta da concessionária que administra o aeroporto; a maioria é gerida pela Infraero ou por empresas privadas. A concessionária, como fiel depositária, fica responsável por armazenar, conferir a

carga e informar no sistema Mantra *o tipo e quantidade de volumes, aferição do peso e eventual avaria da carga*. Cada procedimento e responsabilidades estão detalhados abaixo:
- REGISTRADO – concessionária administradora do terminal de cargas do aeroporto.
- ENCERRADO – concessionária administradora do terminal de cargas do aeroporto.
- AVALIZADO – companhia aérea.
- VISADO – Receita Federal do Brasil.

É importante ressaltar que, após a chegada da aeronave ao aeroporto de destino, a Receita Federal, concessionária e companhia aérea levam algumas horas para finalizar os procedimentos acima. Somente após "visado", é liberada a presença de carga pela Receita e, então, é possível entrar com o registro da Declaração de Importação. Caso constatado algum tipo de divergência na mercadoria, a concessionária lançará a informação no Mantra e só será possível finalizar os processos mencionados anteriormente após a regularização.

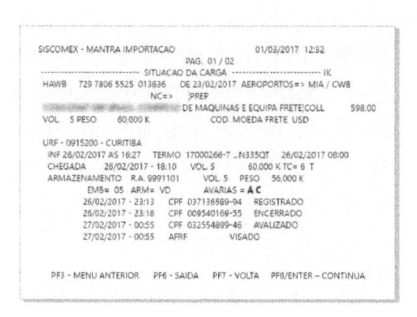

### 5.15.5. MARINHA MERCANTE E SISCARGA

No modal marítimo, há duas plataformas utilizadas diariamente pelos armadores, agentes de cargas e despachantes aduaneiros.

Uma delas é o Sistema da Marinha Mercante, que fornece o suporte informatizado para o controle da arrecadação do Adicional ao Frete para Renovação da Marinha Mercante (AFRMM) ao Departamento do Fundo da Marinha Mercante do Ministério dos Transportes. A Receita Federal do Brasil é a responsável por fiscalizar a arrecadação atualmente e registrar os dados do Conhecimento de Embarque (CE). O acesso é feito através de Certificado Digital dos representantes das empresas de navegação (armador) ou das agências de navegação detentoras das informações contidas nos conhecimentos de embarque, que transmitem eletronicamente os dados das operações de transporte marítimo.

Os agentes de carga, por sua vez, efetuam a desconsolidação eletrônica de seus conhecimentos Master (MBL) informando no Mercante os respectivos *houses*/filhotes (HBL), taxas do frete internacional, transbordos e demais informações pertinentes. Esse sistema automaticamente efetua o cálculo do valor do AFRMM de cada CE e registra o valor apurado. Os despachantes aduaneiros com acesso outorgado pelo importador acessam o sistema Mercante através do Certificado Digital e, com número do conhecimento de embarque ou do CE Mercante, debitam o valor do AFRMM da conta corrente bancária autorizada do importador ou própria. A quantia é de 25% sobre o frete internacional mais o custo de utilização do sistema Mercante, que atualmente é de R$ 21,50. É possível suspender o AFRMM em caso de enquadramento da operação na lista de exceções da Marinha Mercante, como na importação sob o regime *drawback*.

É comum, logo após a desconsolidação e antes da atracação do navio em território nacional, o agente de cargas enviar o extrato do CE Mercante ao importador ou ao despachante aduaneiro para última análise, pois, em caso de constatação de irregularidade, é possível providenciar a retificação eletronicamente, sem incidência de multa ou solicitação manual à Receita Federal.

Em 2008, foi implantado um sistema pela Receita chamado Siscarga, que tem a função de controlar todo o movimento de cargas, containers e embarcações que transitam nas vias aquáticas brasileiras.

Um dos mecanismos desse sistema é bloquear a liberação da mercadoria. Esse bloqueio ou pendência só é retirado pelo armador ou agente de cargas mediante pagamento integral do frete internacional e demais taxas de destino, cumprimento da apresentação do termo de devolução do container, procuração e apresentação de pelo menos uma via do conhecimento de embarque marítimo original.

O Siscomex é totalmente vinculado ao Siscarga. Por isso, quando o *draft* do BL é recebido para análise e aprovação, é de extrema importância verificá-lo com cuidado, para que o agente desconsolidador possa efetuar o ato no Sistema da Marinha Mercante e, consequentemente, no Siscarga de acordo.

Um dos pontos principais na desconsolidação é a NCM. Se não for informada corretamente no BL, não será possível registrar a Declaração de Importação e, para que o registro ocorra após isso, é necessário solicitar a retificação com a inclusão do código correto. Para isso, requer-se o ajuste do MBL e do HBL, que deverá ser autorizado pelo exportador uma vez que o *Bill of Lading* original é emitido na origem. Assim, além de atrasar a liberação da mercadoria, gerando custos com armazenagem desnecessários, o importador ficará passível de multa por parte da Receita Federal, para que a retificação seja efetuada manualmente no Sistema Mercante/Siscarga.

## 5.16. Órgãos anuentes

Há diversos órgãos anuentes nas operações de importações no Brasil. Explicarei sobre os principais e mais utilizados no dia a dia das importações brasileiras, porém há diversos outros como o Ibama, ANP, DPF e MCTI, cada um com seus próprios procedimentos e legislação específica.

É muito comum que importadores nos perguntem se é possível obter qualquer retorno desses órgãos durante os fins de semana. A resposta é não, pois assim como a Receita Federal, eles funcionam somente em dias úteis.

### 5.16.1. MAPA

As atividades de vigilância sanitária agropecuária de animais, vegetais, insumos, alimentos para animais, produtos de origem animal e vegetal e embalagens e suportes de madeira importados em trânsito aduaneiro ou exportados pelo Brasil, são de responsabilidade do Ministério da Agricultura, Pecuária e Abastecimento (MAPA). O sistema de Vigilância Agropecuária Internacional (Vigiagro) é o órgão da Secretaria da Defesa Agropecuária responsável pelas atividades de vigilância sanitária nos portos, aeroportos, postos de fronteira e aduanas especiais, através dos fiscais federais agropecuários. Para a entrada de qualquer produto desse tipo no Brasil, deve-se previamente prestar atenção aos requisitos sanitários estabelecidos em Instruções Normativas, Portarias e Resoluções.

Para cada categoria de produto, como animal, vegetal, insumos e alimentos para animais, há um procedimento (I, II, III, IV, V, VI, VII e VIII) específico para deferimento do Licenciamento de Importação feito através do Siscomex e submetido à análise pelos fiscais agropecuários, por meio do sistema SIGVIG. Dependendo do tipo de produto, é necessário Registro de Estabelecimento pelo MAPA e cadastro, notificação ou registro do produto e rótulos.

Conforme explicado anteriormente, as embalagens de madeira também são fiscalizadas pelo MAPA.

## 5.16.2. ANVISA

A Agência Nacional de Vigilância Sanitária é uma agência reguladora, vinculada ao Ministério da Saúde. A Anvisa exerce o controle sanitário de todos os produtos e serviços (nacionais ou importados) submetidos à vigilância sanitária, como medicamentos, alimentos, cosméticos, saneantes, derivados do tabaco, produtos médicos, sangue, hemoderivados e serviços de saúde. Além de ser responsável por aprovar os produtos através de cadastros, notificações ou registros, a Anvisa controla os portos, aeroportos, postos de fronteiras e aduanas especiais nos assuntos relacionados à vigilância sanitária. Ela fiscaliza os processos, insumos, todo tipo de tecnologia relacionada à saúde e ambientes para emissão de Autorização de Funcionamento de Estabelecimento (AFE).

Após a chegada à aduana brasileira, todas as mercadorias com Licenciamento de Importação que precisam de anuência da Anvisa devem ser submetidas ao processo de deferimento pelo peticionamento eletrônico no website da agência, através de *login* e senha do importador ou do Sistema Visão Integrada (Vicomex). O deferimento ocorre após o cumprimento das exigências sanitárias e os fiscais da Anvisa seguem estritamente o estabelecido nas Resoluções (RDC).

Importadores de produtos para saúde devem ter um responsável técnico com amplo conhecimento na legislação sanitária, para auxiliar tanto o departamento de importação interno quanto o despachante aduaneiro nas transações. Se não houver tal profissional, atualmente há diversas consultoras especializadas em Anvisa que podem assessorar; em sua maioria são profissionais químicos e farmacêuticos que trabalharam em importadoras e dispõem desse conhecimento, prestando serviço a empresas que desejam ingressar no Brasil com produtos importados sob a anuência da agência reguladora.

## 5.16.3. DECEX

O Departamento de Operações de Comércio Exterior é um órgão do Ministério do Desenvolvimento, Indústria e Comércio Exterior. Suas principais competências são analisar e deliberar sobre Licenças de Importação, Registros de Exportação, de Vendas, de Operações de Crédito e Atos Concessórios de *drawback* nas operações que envolvam regimes aduaneiros especiais e atípicos, *drawback* nas modalidades de isenção e suspensão, bens usados, similaridade e acordos de importação com a participação de empresas nacionais; além de fiscalizar preços, pesos, medidas, classificação, qualidades e tipos declarados nas operações de exportação e importação, diretamente ou em articulação com outros órgãos governamentais, respeitadas as competências das repartições aduaneiras.

Algumas competências foram delegadas ao Gecex (Gerência Regional de Apoio ao Comércio Exterior do Banco do Brasil), que atua regionalmente analisando Licenciamentos de Importação (LI) e demais atividades. Sendo assim, toda mercadoria com LI que requer anuência do Decex deverá ser submetida à análise e deferimento antes do embarque. Algumas NCMs são analisadas pelo departamento e outras pela gerência, sendo que nesse último é necessário enviar a solicitação de análise através do Gerenciador Financeiro do Banco do Brasil quando for preciso sua anuência. Ressalta-se que alguns produtos estão sendo controlados pelo Decex, então, antes de efetuar qualquer pagamento ao exportador ou confirmar pedidos, submeta o Licenciamento de Importação a deferimento, pois caso o valor do produto negociado com o fornecedor estrangeiro esteja abaixo da pauta determinada pelo Decex, o licenciamento não será deferido. Esse assunto é tema de muita discussão no âmbito administrativo e judicial.

## 5.16.4. INMETRO

O Instituto Nacional de Metrologia, Qualidade e Tecnologia (Inmetro) é uma autarquia federal brasileira, no formato de agência executiva, vinculada ao Ministério do Desenvolvimento, Indústria e Comércio Exterior (MDIC). Dentre as principais competências do Inmetro estão: fomentar a utilização de técnicas de gestão de qualidade na indústria nacional, difundir informações tecnológicas – notadamente sobre metrologia, normas, regulamentos técnicos e qualidade –, fortalecer a participação do país nas atividades internacionais relacionadas à metrologia e qualidade, além de promover o intercâmbio com entidades e organismos internacionais. Dessa forma, para que alguns produtos importados tenham as mesmas qualidades exigidas dos fabricantes brasileiros, são anuídos na importação pelo Inmetro através de Licenciamento de Importação, que são submetidos ao sistema Orquestra para análise e deferimento. É o caso de capacetes para motociclistas, peças automotivas, pneus, lâmpadas, luvas cirúrgicas, entre outros.

Cada produto tem uma exigência específica: de alguns é a homologação do fabricante estrangeiro e de outros é possível importar um determinado lote, para serem homologados pelos laboratórios brasileiros creditados pelo Inmetro. Assim como os demais órgãos citados anteriormente, a autarquia possui portarias e procedimentos específicos para ser rigorosamente cumpridos.

Outro órgão importante no comércio exterior brasileiro é a Secretaria da Fazenda (Sefaz) do seu estado, responsável por analisar o ICMS da importação logo após o desembaraço aduaneiro da mercadoria. Seja com recolhimento integral, diferido, isento ou suspenso, cada Receita Estadual tem seu sistema e procedimento próprios.

# 6° passo
# Calcule, mas arrisque

*"Para conquistar o sucesso, você precisa aceitar todos os desafios que vierem na sua frente. Você não pode apenas aceitar os que você preferir"*
Mike Gafka

## 6. FINANCEIRO

O departamento financeiro de uma empresa normal tem que ser organizado, seja ela uma distribuidora, loja de varejo, salão de beleza ou posto de gasolina. Porém, o financeiro de uma importadora, além de ser organizado, tem que ser disciplinado, ter processos bem desenhados, realizar conciliação bancária de cada lançamento, ter um sistema de gestão que auxilie o controle e disponibilize relatórios e gráficos para análise e melhor gestão dos recursos financeiros da importadora e ter um *backup* diário e *firewall* para proteção dos dados e senhas.

Atualmente, as importadoras estão quebradas e as pessoas físicas, na qualidade de sócios e empresários, estão ricas, pois descapitalizaram as empresas por mera vaidade pessoal ou da família. Assim, prejudicaram o desenvolvimento dos negócios e, consequentemente, a construção de um projeto com solidez. Mas há muitos que possuem uma postura diferenciada e sabem separar o financeiro da pessoa física e jurídica, e esses são os que mais conseguem ter sucesso em suas empreitadas.

Para ter êxito na importação, um dos pontos principais é o financeiro da importadora. É o coração da empresa, que além de controlar os recebíveis, fica responsável por fiscalizar os pagamentos e, dessa forma, ter as rédeas da gestão em mãos. É comum avisarmos ao importador sobre a previsão de chegada da mercadoria e ele reclamar alegando não ter recursos financeiros para cobrir o pagamento do numerário. Cadê o planejamento financeiro da empresa? Diante disso, gostaria de transmitir algumas informações para que, de posse delas, os importadores não passem por essas situações e tenham total controle da operação, possibilitando bons resultados.

O fluxo de caixa de uma importadora é totalmente diferente de empresas que só trabalham no mercado interno. Devemos lembrar que, na importação, quase todos os pagamentos aos fornecedores do exterior, impostos e despesas às empresas envolvidas são antecipados; para complicar mais um pouco, ao realizar a venda dos produtos importados no mercado interno, a cobrança de pagamento do cliente será a prazo. Dessa maneira, manter um fluxo de caixa num padrão saudável é algo complexo, mas possível. Tudo depende do nível de agressividade em que o importador deseja crescer e do capital de giro disponível. A fonte de recursos financeiros de uma importadora pode ser variada, sempre devendo levar o custo do capital em consideração. Usualmente, emprega-se capital próprio do sócio, sócios ou de investidores anjo, empréstimo bancário ou linhas de créditos. Diante da lei vigente, a importadora não pode utilizar recursos financeiros de terceiros, o que pode ser enquadrado como interposição fraudulenta de pessoas, resultando em penalidades. Quem tem capital disponível consegue realizar fechamentos de câmbio nas melhores datas, obtendo uma ótima taxa de paridade e reduzindo o custo da importação. Outro ponto importante é pagar os fornecedores conforme a data estabelecida, pois credibilidade é essencial na negociação.

Qual o capital necessário para começar as operações de importação? Tudo depende do tamanho do negócio, da quantidade de colaboradores, do custo fixo, do estoque inicial necessário, do tempo de produção e do prazo de recebimento das vendas. Tudo isso deve ser verificado no plano de negócios. Independentemente do capital necessário, uma coisa é fato: o administrador da importadora deve estar no controle e ter a certeza de que as melhores ações estão sendo tomadas para que a empresa cresça.

Sempre mantenha um bom relacionamento com o gerente do banco e não dependa somente de um. Independentemente de precisar ou não no momento, sempre deixe linhas de crédito pré-aprovadas, pois, em casos de emergência, os recursos estarão disponíveis rapidamente, com taxa de juros bem negociada.

## 6.1. Capital de giro

Outro ponto importante para realizar uma importação viável é entender quanto de capital de giro será necessário para ter um financeiro saudável e prosperar no seu ramo de atuação. Capital de giro significa capital de trabalho, ou seja, o montante necessário para financiar a continuidade das operações da empresa como um todo. Se ela estiver sendo constituída, devemos considerar que, até habilitá-la e transformá-la em importadora, mais o tempo para desenvolver o fornecedor, realizar o pedido, aguardar a fabricação, o trânsito da mercadoria do país estrangeiro até o Brasil e a liberação alfandegária, será preciso uma quantia de capital considerável para suportar todo esse período, além dos custos fixos e variáveis da empresa. Também devemos considerar que as primeiras importações serão pagas antecipadamente ao exportador, até que se estabeleça um relacionamento, possibilitando prazo para pagamento. Depois que a mercadoria chegar ao estoque, deve-se focar nas vendas e recebimentos dos pagamentos, muitas vezes faturados a prazo, para realizar um novo pedido ao fornecedor estrangeiro, sendo que levará um tempo até o segundo pedido chegar ao estoque.

Se o ramo de atuação for de um produto de alto giro, muitas vezes será preciso comprar grandes quantidades do exterior para suprir toda a demanda, pois caso não atenda seu cliente no mercado interno, ele poderá comprar do concorrente, resultando na perda do freguês e da credibilidade. Por isso, é muito difícil dizer o valor monetário necessário, pois variará de acordo com o tipo de produto que deseja importar.

Se a empresa estiver estabelecida há um bom tempo, com um fluxo de caixa saudável, é possível obter financiamento de importação pelo banco com o qual trabalha, ou até mesmo capital de giro em longo prazo com ótimas taxas de juros. Caso necessário, busque um sócio investidor. A fonte de recursos financeiros para a importadora pode variar, conforme citado no assunto anterior, mas sempre levando em consideração a licitude do recurso e nunca utilizando capital de terceiros que desejam adquirir o produto (venda casada).

Não ter capital de giro suficiente para realizar importações pode comprometer a continuidade da importadora. Significa não ter estoque para atender sua carteira de clientes ou ter mercadoria parada no porto ou aeroporto pela falta de capital para pagar o numerário do despachante aduaneiro que liberará a carga, gerando uma bola de neve com os custos, se considerarmos o alto preço de armazenagem cobrado pelos terminais brasileiros.

## 6.2. Cronograma de compras internacional

O cronograma de compras internacional é muito mais complexo do que uma compra no mercado interno, considerando as variáveis envolvidas na operação. Um planejamento antecipado é primordial para qualquer importadora organizada e essa atividade deve ser compactuada com praticamente todos os departamentos da empresa, do setor de compras até o financeiro, logístico e comercial. Se bem elaborado, o plano prévio de compras fará com que as importações fiquem viáveis e a empresa tenha o lucro desejado. Qualquer erro nesse cronograma poderá comprometer o lucro almejado, pois a troca de modais em caso de emergência pode inviabilizar completamente a operação.

Cada importação chega ao seu estoque com um custo diferente, devido à flutuação cambial e demais fatores. Dessa maneira, sugiro realizar diversos estudos com sua equipe e seu despachante aduaneiro para determinar um *lote econômico*, ou seja, o mínimo a ser importado para que o custo unitário nacionalizado fique parelho com as demais importações anteriores, e para que venha a ser utilizado como base para vendas no mercado interno.

Nem sempre será possível alterar o valor de vendas a cada importação. É necessário atentar-se ao pedido mínimo que cada exportador exigirá para fabricação do seu pedido, já que cada um tem o seu de acordo com a política interna do fornecedor. Se houver um histórico de vendas dos anos anteriores ou uma previsão anual, estabeleça com os exportadores uma estimativa (*forecast*) de compra por ano, para que seu fornecedor se programe antecipadamente.

Esse cronograma é mais um fator estratégico da importadora. Na importação, devemos sempre considerar os seguintes fatores: *tempo de produção no exterior, transit time de acordo com cada modal a ser utilizado e trâmite de nacionalização no Brasil.* Por exemplo: uma compra de um container com câmara de ar para pneu de motocicleta de um fabricante chinês leva uma média de trinta dias para ficar pronto, mais trinta e cinco dias de *transit time* do porto de origem de Qingdao na China ao porto brasileiro e aproximadamente mais sete dias de liberação alfandegária no Brasil, totalizando setenta e dois dias.

Além disso, devemos nos atentar a possíveis feriados no país de origem e aqui, que podem atrasar tanto a fabricação do pedido quanto a liberação aduaneira brasileira. Sendo assim, nenhum pedido ao exportador poderá ser deixado para o último minuto. Vende bem quem compra bem, ou seja, quem tem o produto disponível no dia certo, na hora certa e no período certo. Ao comprar antecipadamente, com uma margem de folga, será possível negociar tarifas de frete internacional, pois, principalmente da Ásia para o Brasil, elas sofrem variações semanalmente. Havendo um planejamento adequado, o importador poderá verificar quais são os melhores períodos de baixa do frete internacional para encaixar seus pedidos de compras, reduzindo custos e maximizando os resultados da operação. Caso trabalhe com produtos sazonais, como enfeites de Natal, Dia das Crianças, entre outros, deverá ter mais planejamento ainda, pois ao perder o *timing*, o importador ficará com o estoque encalhado para o ano seguinte e todo o capital investido parado.

Para estabelecer esse cronograma de compras programadas com seu fornecedor é importante definir um planejamento em curto, médio e longo prazo. Ademais, é conveniente ter um estoque de segurança, para que, a cada aproximação do estoque mínimo pré-estabelecido, seu sistema acuse a necessidade de novas compras. Falarei mais sobre isso no próximo tema.

Além de esse tópico ser um fator estratégico, é extremamente relevante para a qualidade de atendimento aos clientes, aumento da credibilidade e crescimento da empresa. Falta de planejamento é muito comum nas empresas brasileiras, principalmente nas importadoras. A fim de evitar apagar incêndios, é primordial uma atitude proativa de todos os setores envolvidos supracitados, para haver um ponto de equilíbrio e, principalmente, viabilidade nas operações.

## 6.3. Estoque

O estoque representa a armazenagem dos insumos, embalagens e produtos acabados a serem produzidos ou comercializados, podendo ter várias formas de administração e controle. Seu bom gerenciamento é essencial para a estratégia comercial da importadora, tendo em vista que a má administração pode comprometer suas atividades comerciais. A seguir, os conceitos de estoque mais utilizados pelas importadoras.

### 6.3.1. ESTOQUE MÍNIMO

É o composto mínimo determinado para que haja nova solicitação de compra ao fornecedor estrangeiro.

### 6.3.2. ESTOQUE EM TRÂNSITO

Como o próprio nome diz, é composto por pedidos que estão em trânsito do país estrangeiro com destino final no Brasil.

### 6.3.3. ESTOQUE CONSIGNADO

Na importação, podemos adotar o entreposto aduaneiro, em que se importa uma mercadoria em consignação, a armazena em algum recinto alfandegado e, de acordo com a demanda, realiza nacionalizações de lotes específicos para esse atendimento.

### 6.3.4. ESTOQUE SAZONAL

Esse tipo de estoque é adotado quando a importadora prevê uma demanda futura para datas sazonais como Natal, Dia das Mães, dos Pais, das Crianças, Páscoa, entre outros feriados comemorativos, devendo adquirir mais mercadoria que o habitual.

Entender os tipos de estoques e gerenciá-los assertivamente permite que o planejamento logístico seja elaborado e cumprido adequadamente. Estoque cheio pode significar dinheiro parado, ao mesmo tempo que estoque vazio pode significar perda de vendas. Lembre-se que o equilíbrio é primordial para o seu negócio. Muitos importadores utilizam o sistema *Just in Time*, importando somente aquilo que está previsto para vender em determinado período. Porém, em um país como o nosso, diante de tantas variáveis envolvidas na importação, aconselho não adotá-lo, tendo sempre um estoque de segurança adequado ao negócio.

## 6.4. Incentivos e benefícios fiscais

Alguns incentivos e benefícios fiscais na importação devem ser sempre analisados de perto, pois qualquer redução concebida dentro da lei é de grande valia ao importador. Redução significa produto mais competitivo no mercado interno ou externo para aqueles importadores que desejam exportar após a industrialização da matéria-prima importada.

É importante ressaltar que para usufruir de qualquer incentivo ou benefício fiscal, é necessário analisar de perto as diretrizes a serem seguidas. Qualquer vírgula fora do solicitado pelo Decex, Receita Federal ou Receita Estadual poderá descaracterizar o usufruto da vantagem. Mostrarei as características dos principais a seguir.

### 6.4.1. EX-TARIFÁRIO

O regime de ex-tarifário consiste na redução temporária da alíquota do imposto de importação (II) de bens de capital (BK) e de informática e telecomunicações (BIT) quando não há produção similar nacional. É importante esclarecer que, para usufruir desse benefício, é necessário pleiteá-lo ao Decex. Caso o benefício esteja publicado e disponível na TEC, ele poderá ser utilizado por qualquer importador, desde que o bem de capital importado coincida exatamente com a descrição do ex-Tarifário vigente.

### 6.4.2. INCENTIVO FISCAL REGIONAL

Os estados da Federação, diante da necessidade de aumento na arrecadação do ICMS, têm concedido incentivos fiscais, redução ou suspensão a diversos importadores, em sua maioria *tradings*, visando atrair investimentos para melhorias na infraestrutura, como portos, aeroportos e estradas. Essa prática tem se tornado cada vez mais comum, porém os importadores ou adquirentes (no caso de conta e ordem) devem ter bastante cautela, tendo embasamento jurídico e o acompanhamento de advogados tributários para evitar a glosa de ICMS e possíveis penalidades aplicadas pelo estado destinatário das mercadorias. Muitas vezes, o que parece um ganho pode se tornar um grande problema para o importador.

### 6.4.3. DRAWBACK

O regime aduaneiro especial de *drawback* consiste na suspensão ou eliminação de tributos incidentes sobre insumos importados para utilização em produto exportado. Esse mecanismo funciona como um incentivo às exportações, reduzindo os custos de produção de mercadorias destinadas ao mercado externo e tornando-os mais competitivos no meio internacional. Há uma série de modalidades de *drawback*, tais como isenção, suspensão e restituição. Para usufruir desse regime, é necessária a abertura de um ato concessório e o deferimento junto ao Decex.

## 6.5. Instituições financeiras

As instituições financeiras autorizadas pelo Banco Central do Brasil a operar no mercado de câmbio são os bancos múltiplos, comerciais, caixas econômicas, bancos de investimento, de desenvolvimento, de câmbio, agências de fomento, sociedades de crédito, corretoras de títulos e valores mobiliários, distribuidoras de títulos e valores mobiliários e corretoras de câmbio.

## 6.5.1. BANCOS

Os bancos no mercado cambial, além de atuarem sem limites de valor, oferecem uma gama de modalidades de operação, como financiamentos e cartas de crédito. Oferecem também as modalidades de câmbio principais citadas anteriormente, além de realizar adiantamentos sobre contratos de câmbio e operações no mercado futuro, em dólar, na bolsa de valores.

## 6.5.2. CORRETORAS DE CÂMBIO

Também conhecidas como casas de câmbio, elas atuam exclusivamente no mercado cambial, intermediando operações entre bancos e clientes ou vendendo e comprando moedas estrangeiras. Diferentemente do banco, operam principalmente nas modalidades de câmbio antecipado, à vista e a prazo, e são limitadas a realizar operações de até USD$ 100.000,00 ou o seu equivalente em outras moedas. As corretoras de câmbio vêm conquistando muito o mercado cambial por conta do seu atendimento personalizado e diferenciado.

## 6.6. Outras modalidades de pagamento ao exterior

As modalidades de pagamento ao exterior como antecipado, à vista e a prazo, citadas anteriormente, são as mais usuais. Porém, há outras duas que merecem uma atenção especial por se tratarem de tipos mais específicos. Desde que bem trabalhados, funcionam perfeitamente, trazendo mais segurança à operação no caso do uso de carta de crédito ou de prazo de pagamento mais longo, como no Finimp. Aprofundarei sobre as principais características a seguir.

## 6.6.1. CARTA DE CRÉDITO

A carta de crédito é uma modalidade de pagamento muito comentada no comércio exterior brasileiro. A meu ver, deve ser utilizada em pagamentos de valores consideráveis, acima de USD$ 50.000,00, para que seja vantajosa ao importador, devido à burocracia e custos envolvidos na sua abertura e liquidação.

Essa categoria normalmente é exigida pelo exportador quando ainda não existe uma relação de confiança entre ele e o importador e este deseja realizar o pagamento após embarque da mercadoria na origem ou a prazo. É um instrumento que visa garantir o pagamento ao primeiro e ao mesmo tempo dar segurança ao segundo, que receberá a mercadoria de acordo com as condições negociadas entre as partes. Essas condições são estabelecidas nas cláusulas do contrato da carta de crédito e o exportador deverá cumprir rigorosamente com cada uma, como documental, prazo de fabricação, envio dos documentos via banco e o que mais for negociado. Também dá segurança quanto ao risco país, por ser uma modalidade firmada entre bancos.

Em caso de descumprimento de qualquer condição (discrepância), custos são cobrados do exportador. Devido à burocracia envolvida na abertura, emissão e liquidação, há uma lentidão nessa última, pois o banco se certificará de que todas as condições acordadas foram cumpridas corretamente antes de realizar qualquer pagamento. É importante lembrar que os bancos intervenientes na Carta de Crédito trabalham somente com documentos e não se responsabilizam pela qualidade da mercadoria embarcada. Simplificando, a seguir temos uma explicação de como funciona esta operação:

1. ABERTURA DO CRÉDITO: Após os contatos preliminares, o importador solicita ao seu banco correntista a abertura de um crédito em favor do exportador.

2. EMISSÃO DA CARTA DE CRÉDITO: O banco do importador emite carta de crédito e comunica ao banco do país do exportador a sua existência.

3. COMUNICAÇÃO DO CRÉDITO: O banco do exportador comunica a chegada da carta de crédito e suas condições.

4. EMBARQUE: O exportador providencia o embarque da mercadoria.

5. DOCUMENTOS E PAGAMENTO: O exportador entrega os documentos exigidos pelo crédito ao banco de seu país na origem, que os recebe, examina e, se estiverem em ordem, efetua o pagamento.

6. DOCUMENTOS: O banco do exportador remete os documentos ao banco do importador.

7. DOCUMENTOS E REEMBOLSO: O banco entrega os documentos ao importador e efetua a cobrança e o reembolso do pagamento efetuado na origem.

8. DESEMBARQUE: O importador, de posse dos documentos, aguarda a chegada da mercadoria, após a qual efetua o desembaraço aduaneiro e a recebe.

## 6.6.2. FINANCIAMENTO DE IMPORTAÇÃO

O financiamento de importação mais conhecido, concedido exclusivamente pelos bancos, é o Finimp. Trata-se de uma linha de crédito concedida ao seu banco através de um banco estrangeiro. Captam-se os recursos da instituição estrangeira, que realizará o pagamento da mercadoria diretamente ao fornecedor. Entre o importador e o banco, é firmado um contrato no qual serão estabelecidos os juros e o prazo de pagamento, podendo variar de cento e oitenta a trezentos e sessenta dias, ou até mais dependendo do caso.

A vantagem do seu uso é que os juros cobrados pelo seu banco são internacionais, podendo variar de 6% a 9% ao ano. Comparado com as linhas de crédito no mercado interno, as taxas do Finimp são realmente muito atraentes. Outro ponto é que o importador não pagará o seu banco mensalmente, como qualquer outro financiamento, mas sim a quantia total acordada no vencimento do contrato. Caso queira antecipar o pagamento ao seu banco, sugiro consultar seu gerente, pois ele tem uma série de restrições. Para se resguardar do aumento da taxa do câmbio, aconselho que seja feito um *hedge*, que é travar a taxa de câmbio de acordo com a da data da contratação do financiamento. Dessa maneira, quando for liquidar o contrato ao final, o importador não terá nenhuma surpresa. Muitos importadores acabam se esquecendo de solicitar essa trava na contratação do financiamento e o gerente do banco não se preocupa em avisá-lo, pois assim os ganhos financeiros serão maiores. Outra vantagem, além do valor dos juros e pagamento único, é que o importador bem organizado financeiramente poderá usufruir muito desse benefício, utilizando-o em compras periodicamente, no qual a mercadoria chegará ao Brasil, será revendida no mercado interno ou externo, os pagamentos serão recebidos e somente após o final do contrato ele será liquidado.

# 7° passo
# Conheça seus parceiros

> *"Não é o mais forte que sobrevive, nem o mais inteligente. Quem sobrevive é o mais disposto à **mudança**"*
> Charles Darwin

## 7. PRESTADORES DE SERVIÇO

Uma vez decidido os prestadores de serviço dos processos de importação, será necessário ter uma boa comunicação e confiança no serviço prestado. Se houver alguma discordância ou dúvida, esclarecer-lhe-á prontamente, a fim de não criar mal-entendidos que prejudiquem o relacionamento e, consequentemente, o andamento das operações.

É muito comum que importadores desconfiem de alguma alteração na legislação ou na cobrança de alguma taxa. Muitos se fecham e buscam esclarecer essas dúvidas com profissionais que não os seus prestadores de serviço atuais, impedindo que haja um ponto final no assunto. O ser humano, como profissional, cresceu em idade, mas não amadureceu. O *feedback* ao prestador de serviço é de extrema relevância para que ele o conheça melhor e melhore o fluxo da operação; sem isso, ele poderá se acomodar e permanecer na zona de conforto, atendendo-o por vários anos de uma maneira indesejada.

As mudanças de legislação e procedimentos são constantes na importação. Ora a vistoria do MAPA tem que ser solicitada somente após a chegada da mercadoria, ora é possível solicitar antes, ora o ICMS é liberado manualmente, ora eletronicamente e assim por diante. As mudanças são tantas que até mesmo para o prestador de serviço fica difícil de acompanhá-las. Por isso, uma dica que procuro transmitir aos importadores é o de externar seu *feedback*, ser sincero e confiar. Também é importante ouvir o outro lado para que a parceria se fortaleça, possibilitando ótimos resultados juntos.

## 7.1. Contabilidade

É muito comum clientes reclamarem dos contadores, dizendo que não dão retorno, que não fizeram isso ou aquilo etc. Todas as vezes que ouço alguma reclamação, realizo três perguntas:
- Você já falou isso para o seu contador?
- Essa solicitação realmente é da alçada do contador?
- Foi negociado algum honorário à parte para o seu contador realizar essa tarefa não atendida?

O que percebo é que há um medo de trocar de contador, ou apego, pois o prestador o atende há muitos anos. Porém, é necessário lembrar que, antes de reclamar do contador, deve-se pensar se o mesmo tem competência para resolver o que foi solicitado.

Outro ponto é negociar um honorário à parte, pois a maioria dos importadores acredita que tudo está dentro do cobrado mensalmente, o que não é certo. Também é importante perceber que se a empresa crescer, o contador poderá não ser competente o suficiente para prestar as assessorias contábeis e fiscais necessárias. Por isso, em algum momento é necessário trocá-lo.

O que chama muito atenção é que o número de reclamações é maior que o de elogios. Vale ressaltar que hoje, diante da quantidade de obrigações acessórias impostas ao contador, ele acaba deixando de dar um retorno satisfatório ao cliente. Se o escritório de contabilidade não se desenvolve conforme o mercado e suas mudanças, a tendência é que permaneça parado no tempo, sem condições de dar as respostas tão solicitadas pelos empresários.

Um exemplo clássico é quando enviamos uma proposta comercial para realizar a habilitação da empresa junto à Receita Federal

(Radar) e o cliente diz que o contador providenciará. Porém, após algum tempo, percebemos que o processo ficou parado e quem se prejudicou foi o empresário. Não por culpa do contador, mas sim do proprietário, que quis economizar sabendo que aquele não tinha *know-how* e nem tempo para executar esse serviço.

É imprescindível que o contador ou escritório de contabilidade que assiste o importador entenda realmente de importação, dos impostos federais e estaduais recolhidos no processo, *antidumping*, salvaguarda e os créditos em conta gráfica de acordo com o enquadramento da empresa.

## 7.2. Despachante aduaneiro

A escolha desse profissional também é ponto chave para o sucesso na importação. Ele é o representante do importador junto à Receita Federal na liberação das mercadorias importadas, portanto, deverá possuir uma procuração da empresa representada e estar incluso no seu Radar. Diante do crescimento das importações brasileiras, o número de despachantes aduaneiros no mercado cresceu exponencialmente, porém muitos não têm conhecimento algum sobre importação. Isso ocorre pois, no passado recente, não era necessário um exame para obter o registro de despachante aduaneiro. É importante fazer uma análise criteriosa de quão bom é o profissional escolhido e para isso cito alguns pontos a serem questionados:

- Quanto tempo de mercado ele tem e referências comerciais para serem contatadas.
- Testar a capacidade profissional do prestador de serviço e verificar sua idoneidade.
- Verificar se ele tem conhecimentos sobre a nacionalização do produto que deseja importar. Além de palavras, solicitar documentos comprobatórios de importações anteriores.

- Verificar se ele firmará um contrato de prestação de serviço com você, informando principalmente as responsabilidades dele e as suas. É importante colocar uma cláusula de sigilo de informação nesse contrato, para que ele não possa revelar detalhes das suas importações para nenhum concorrente.
- Confirmar se ele é vinculado a um Sindicato ou Federação. Se sim, averiguar a veracidade desta informação após a reunião.

### 7.2.1. ESCOPO DO CLIENTE

O escopo do cliente é a definição de procedimentos acordados entre o importador e o prestador de serviço, no caso o despachante aduaneiro. Uma vez aprovada a proposta de honorários desse profissional, ele deverá reunir-se com o contratante para estabelecer procedimentos, traçar os pontos chaves da operação e obter informações detalhadas sobre os produtos importados para que o despachante não seja pego de surpresa, como a necessidade de anuência de órgãos específicos, se os débitos dos impostos federais serão debitados da conta bancária do importador ou despachante, se a guia de ICMS será paga diretamente pelo importador, se há algum regime especial adotado, qual o endereço de entrega física da mercadoria e de correspondência pra envio do fechamento do processo, se os documentos da importação devem ser conferidos pelo despachante aduaneiro, se o fechamento deverá ser enviado por e-mail ou entregue fisicamente e se há alguma pendência com o erário. É o exemplo do ICMS, quando o importador tem alguma pendência tributária e o estado permite algum benefício, geralmente ele não é liberado até que o problema seja resolvido.

Após o levantamento dessas informações, o despachante aduaneiro lançará no seu sistema interno, para que os colaboradores responsáveis por atender o importador tenham acesso a elas e possam proceder com as diretrizes estabelecidas.

## 7.2.2. FOLLOW-UP

Trata-se de uma ferramenta de acompanhamento do processo, oferecida ao importador pelo agente de cargas, despachantes e transportadoras. Com ela, tem-se acesso às informações do embarque, trânsito internacional e liberação da mercadoria, sem precisar contatar os prestadores de serviço a todo momento. Esse *follow-up* poderá ser recebido por e-mail ou acessando o sistema dos prestadores de serviço com *login* e senha, disponibilizando informações em tempo real.

## 7.2.3. NUMERÁRIO

Considera-se o numerário uma previsão de custos, gerada pelo despachante aduaneiro ou comissária de despachos, para realizar os pagamentos pertinentes ao desembaraço aduaneiro da importação. Geralmente, as taxas adicionadas a esse numerário são as de armazenagem, as do agente de cargas, transporte rodoviário, impostos federais, estaduais, entre outras. Tudo isso será discutido com o despachante na hora em que ele montar o escopo de processo, pois alguns importadores preferem pagar as taxas diretamente e outros preferem centralizar tudo com o despachante, facilitando os pagamentos às empresas envolvidas na operação. Particularmente, preferimos quando o cliente adianta todos os valores, pois assim o fluxo da operação flui com mais tranquilidade e o despachante conhece o procedimento a ser adotado para realizar cada pagamento.

É o caso do pagamento de frete internacional ao agente de cargas, que deve ser realizado no dia do recebimento da cobrança devido à flutuação da moeda estrangeira: se não conseguir pagar no dia, os valores atualizados devem ser solicitados no dia seguinte. Se faltarem recursos financeiros durante a liberação, é comum o despachante enviar um numerário complementar para receber mais valores e finalizar os pagamentos da operação.

### 7.2.4. FECHAMENTO

Após o desembaraço e entrega da mercadoria ao local designado, o despachante aduaneiro fará o fechamento do processo de importação, anexando os originais do conhecimento de embarque, fatura comercial, *packing list* e qualquer outro documento original que tenha recebido para realizar o despacho aduaneiro da mercadoria. Além disso, são anexados o comprovante de importação (CI), extrato da declaração de importação (DI) e todas as notas fiscais, recibos e comprovantes dos pagamentos realizados às empresas envolvidas na operação. Nessa hora, caso tenha sobrado saldo a favor do importador, esse recurso financeiro ser-lhe-á devolvido; havendo algum valor em aberto com o despachante, a devida cobrança será feita. O fechamento leva de três a cinco dias para ser efetuado após a entrega da mercadoria, pois algumas empresas, como o terminal de cargas, levam de dois a três dias para enviar o faturamento da armazenagem. Aconselho sempre ao importador que aguarde o fechamento final para efetuar o cálculo completo do custo da importação e formular o valor de venda do produto.

## 7.3. Agentes de cargas

Os agentes de cargas, também conhecidos como *Freight Forwarders*, são empresas especializadas em logística internacional que intermediam as negociações de frete internacional com armadores e companhias aéreas. Eles fazem a compra e venda desses fretes aos importadores, além de tratar dos documentos, *bookings*, consolidações da carga, emissão dos conhecimentos de embarque, pagamentos das taxas aos contratados, embarque físico da carga e *follow-up* do processo.

De uma maneira geral, os agentes de carga possuem representantes (outros agentes de cargas) em outros países. Esses, na maioria dos fretes internacionais na modalidade *collect*, contratam o frete do armador ou companhia aérea na origem, emitindo o BL ou AWB e tendo como agente desconsolidador no destino o agente brasileiro. Nos embarques *prepaid,* o responsável desconsolidador no Brasil é determinado pelo agente de cargas da origem contratado pelo exportador.

Os principais motivos para contratar esse profissional são o *know-how*, melhores opções de tarifas e agilidade em realizar a operação. Alguns despachantes aduaneiros também realizam agenciamento de cargas ou possuem parcerias com eles, sendo possível integrar o mesmo prestador para ambos os serviços. Aproveite, pois dessa maneira o importador terá mais eficiência na operação e consequente redução de custos com uma logística integrada.

Agentes de cargas especializados em atuar em determinados países são comuns no mercado brasileiro. Com a ascensão dos países asiáticos, muitos se especializaram nas rotas Ásia x Brasil e oferecem ótimas tarifas, porém não conseguem ser tão competitivos no caso de outros países. Portanto, sugiro sempre verificar onde os agentes de cargas têm mais volume de embarque e melhores condições, possibilitando decisões mais acertadas. Sempre que contratar um desses profissionais, verifique se este é membro de alguma aliança internacional. Tratam-se de alianças de *networking* que têm como função conectar agentes de cargas independentes do mundo todo, para que tenham força para concorrer com os de multinacionais. Para tornar-se membro delas, é necessário passar por uma auditoria, dando a certeza de que se trata de um profissional idôneo.

## 7.4. Terminais de cargas

Também conhecidos como armazém ou recinto alfandegado, são estabelecimentos que prestam o serviço de armazenagem enquanto a mercadoria importada aguarda o processo de desembaraço aduaneiro. Em sua maioria são de administração privada, porém possuem a concessão da Receita Federal para guardar e movimentar produtos importados sob o controle aduaneiro. Dessa forma, exercem o papel de Fiel Depositário, tendo a custódia da mercadoria até que o processo de liberação seja finalizado.

Até pouco tempo atrás, os terminais de aeroportos tinham como administradora somente a Infraero, de cunho público. Porém, com as privatizações estabelecidas pelo governo brasileiro, muitos aeroportos estão passando por concessões, nas quais esse órgão se torna sócio numa parceria público-privada.

O importador deve sempre pesquisar quais são os terminais de carga disponíveis, de modo a conhecer a estrutura física e a idoneidade de cada um e também negociar antecipadamente a proposta de prestação de serviços, para que tenha tudo formalizado e a certeza de que está trabalhando com um terminal com estrutura apropriada e capacidade de movimentar seu tipo de mercadoria de uma maneira profissional e segura. Alguns produtos, como alimentícios, refrigerados e químicos, exigem capacidade técnica do armazém e área segregada para evitar contaminação.

Esses terminais podem estar próximos ao porto, aeroporto ou fronteira (zona primária), ou em outras regiões mais afastadas, consideradas zonas secundárias. Em alguns casos, como comentado no tópico sobre DTA, vale a pena analisar o custo benefício de remover a mercadoria para os terminais de zona secundária, pois são menos congestionados e o desembaraço aduaneiro acaba sendo mais ágil. Esses locais são conhecidos como portos secos, EADI (Estação Aduaneira Interior) ou CLIA (Centro Logístico e Industrial Aduaneiro).

A armazenagem é um dos custos mais relevantes na importação, então uma negociação antecipada e planejada é de extrema importância, com o controle de perto pela importadora para conter custos e verificando tarifas, períodos de armazenagem e cobranças extraordinárias (quando o depósito opera a seu favor fora do horário comercial). Diante da competitividade entre os terminais, é possível conseguir ótimas tarifas, reduzindo ao máximo os custos.

## 7.5. Transportadoras

Assim como há nichos de mercado em qualquer serviço, no transporte rodoviário não é diferente. Para deslocar containers, carga solta, granel, *big bags* e *flextanks* de origem importada, há transportadoras especializadas que realizam o translado a partir do porto ou aeroporto até o estabelecimento do importador ou armazém contratado para realizar a distribuição. É de extrema importância contratar uma transportadora habituada a realizar esse tipo de serviço, pois há algumas peculiaridades que devem ser levadas em consideração. São os casos de cadastros das transportadoras nos terminais, biometria e integração dos motoristas, sistemas com *login* e senha para agendamento eletrônico e demais exigências conforme o tipo de produto, como EPIs, certificação MOPP e caminhões homologados para o transporte de químicos. Portanto, caso contrate alguma transportadora que desconheça essa tramitação, o importador terá que ter muita paciência até que ela aprenda todo o fluxo da operação.

Para evitar qualquer problema, realize uma pesquisa com algumas transportadoras e selecione a mais adequada, levando em consideração as indicações do despachante aduaneiro, que, além de ter um relacionamento com a transportadora, saberá da sua idoneidade. Há muitas comissárias de despacho que também têm o serviço de transporte rodoviário, sendo ótimas opções a cogitar, pois a integração operacional das atividades garante mais agilidade na importação.

Nós brasileiros temos o hábito de focar no preço quando avaliamos a contratação de uma empresa, acreditando somente em palavras. Porém, a fim de ter a certeza de que estamos trabalhando com a transportadora correta, outros pontos devem ser considerados. No caso do transporte rodoviário, certifique-se que a transportadora possui frota própria de caminhões, qual a idade média dessa frota, *follow-up*, se os veículos são rastreados, se os gerenciamentos dos documentos destes são efetuados devidamente, como funciona a manutenção da frota, se ela cumpre com todos os requisitos da lei do motorista, como descanso e diárias, e se possui vigente as devidas licenças, apólice de seguros e gerenciamento de risco. Quanto ao seguro, solicite uma cópia da apólice para verificar sobre a cobertura, validade e demais informações. O importador, como contratante, é corresponsável pela regularidade ou irregularidade do procedimento, então a análise criteriosa de cada informação é de extrema importância.

Muitas vezes fazemos o mais difícil, mas erramos no básico. Então, não deixe de analisar de perto cada prestador de serviço envolvido nas suas operações.

# Considerações finais

> *"É dificil **liderar** uma cavalaria*
> *se você não sabe montar a cavalo"*
> Adlai E. Stevenson II

Fico muito contente em te encontrar aqui. Significa que você busca aprender, melhorar e analisar outros pontos de vista. Tenho certeza de que colocará em prática todos os conceitos aprendidos através desta obra e espero que não pare por aqui. O processo de aprendizado em nossas vidas deve ser contínuo, pois quanto mais conhecimento, melhor seu posicionamento e atitude em direção aos seus objetivos.

Importar no Brasil é rentável, desde que bem planejado, assistido por profissionais da área e com uma visão de longo prazo, observando a todo o momento os sinais da economia. A palavra de ordem deve ser "**INVESTIR**": em pesquisas e desenvolvimento, viagens internacionais, amostras e bons profissionais, pois quanto mais investimento, maior o retorno. Há diversos casos de importadores bem-sucedidos no Brasil que também passaram por todo este processo de aprendizado e levaram anos para construir o que construíram.

As primeiras importações são as mais trabalhosas, por ter que habilitar a empresa, desenvolver fornecedores e adequar os documentos de importação do fornecedor ao padrão brasileiro. Mas, depois da primeira, vem a segunda, a terceira e assim por diante. Além de entender melhor cada etapa do processo, com o tempo os prestadores de serviços também terão o escopo da operação bem definido e as importações fluirão com mais facilidade, possibilitando planejar melhor e executar com mais tranquilidade.

O ciclo PDCA (*Plan – Do – Check – Act*) deve ser sempre levado em consideração. A cada lote de importação recebido, deve-se efetuar uma análise e prontamente transmitir um *feedback* ao fornecedor. Mesmo com a distância, é através de uma boa comunicação que um relacionamento duradouro é desenvolvido. O retorno é de suma importância para a melhoria do processo, assim como o parecer aos demais prestadores de serviços envolvidos na operação.

Aprendemos também que a importação é como qualquer atividade que nos propomos a fazer em nossas vidas. Não podemos, de maneira alguma, pular etapas, e as bases para alcançar a excelência são o planejamento e a execução acompanhada. Aproveite todas as oportunidades que estão ao seu alcance e dê o primeiro passo!

Se você tiver alguma dúvida, crítica ou sugestão que possa melhorar este livro, ou encontrou algum erro ou informação que precise ser corrigida, por favor, envie um e-mail para kleber@kleberfontes.com.br.

Se você gostou deste livro, serei grato se puder indicá-lo a seus amigos. Talvez você conheça alguém que possa se beneficiar deste conteúdo.

Muito obrigado. Sucesso!

Kleber Fontes

É tudo uma questão de logística!

# Glossário

***Ad-Valorem***: Despesa ou taxa cobrada através de percentual (%).
***All in***: Todas as taxas e sobretaxas incluídas.
***Arrival Notice***: Documento que formaliza a chegada da mercadoria ou sua previsão, informando o frete e taxas devidas.
**Barra:** Local próximo ao porto, onde os navios aguardam autorização para atracarem ao caís.
***Big Bag:*** Embalagem flexível, em geral de polietileno, utilizada para embalar commodities.
***Bulk Cargo***: Carga a granel, carga solta.
***Bunker***: Combustível para navios.
***Bunker Surcharge***: Sobretaxa de combustível, adicional ao frete cobrado pelo armador.
***Carrier***: Transportador.
**CBM:** Metragem cúbica.
**CCA:** Carta de Correção
***Claim***: Reclamação, reivindicação.
***Clearance***: Liberação, desembaraço aduaneiro.
***Collect***: Cobrança no destino.
***Consignee***: Consignatário (importador). Aquele ao qual uma mercadoria é consignada ou destinada.
***Consolidation***: Consolidação.
**Container:** Contentor, grande caixa ou recipiente metálico no qual uma mercadoria é colocada (estufada ou ovalada).
**Conteinerizar:** Unitização de carga em container.
***Copy not Negotiable***: Cópia não negociável, geralmente do Conhecimento de Embarque.
***Customs***: Alfândega, aduana.
***Custom Broker***: Despachante aduaneiro.
***Damaged***: Danificado, avariado.

***Dangerous Goods***: Carga perigosa.
***Deadline***: Prazo limite para liberar os containers a ser embarcados.
***Deck***: Convés. Piso dos navios.
***Demurrage***: Sobrestadia, multa ou indenização paga pelo importador ao armador ou agente de cargas, por ter ultrapassado o *free time* (prazo) estipulado.
***Door to Door***: Porta a porta.
***Draft***: Espelho de documentos, rascunho, esboço.
***Dry-Cargo* Container:** Tipo de container convencional, utilizado para carga seca. No Brasil, os mais comuns são nas medidas de 20 pés e 40 pés.
***Duty***: Obrigação, dever, taxas aduaneiras.
**ETA (*Estimated Time of Arrival*)**: Data estimada da chegada de um navio ao porto, ou de uma aeronave ao aeroporto.
**ETD (*Estimated Time of Departure*)**: Data estimada da saída de um navio do porto, ou de uma aeronave do aeroporto.
***Export Declaration***: Declaração de exportação.
***Fee***: Comissão, taxa, honorário.
***Flag***: Bandeira, nacionalidade de um navio ou de uma aeronave em relação à bandeira que ostenta.
***Flat Rack***: Tipo de container aberto, possuindo apenas paredes frontais.
***Forwarder***: Transitário, agente de cargas.
***Full Set***: Jogo completo de documentos.
***Gate***: Portão de entrada/saída do porto ou aeroporto.
***General Cargo***: Carga geral, carga seca.
***Goods***: Mercadoria, produto, a carga transportada ou a ser transportada.
***General Rate Increase* (GRI)**: Aumento geral do frete internacional cobrado pelos armadores, em comum acordo com todos os armadores.
***Gross Weight***: Peso bruto, incluindo a embalagem (ou invólucro) e o conteúdo.
***Handling***: Despesas de manuseio ou movimentação de carga.
***Hazardous***: Perigoso, arriscado, prejudicial.
***Hedge***: Proteção, trava contra oscilações inesperadas da taxa de paridade (moeda estrangeira).
**HS CODE**: Sistema harmonizado internacional de designação e codificação de mercadorias.
**IATA (*International Air Transport Association*)**: Associação Internacional de Transporte Aéreo, órgão que regulamenta e coordena o serviço de transporte aéreo internacionalmente.

**ICC (*International Chamber of Commerce*)**: Câmara Internacional de Comércio.
**IMO (*International Maritime Organization*)**: Agência especializada da ONU, responsável por tratar dos assuntos ligados ao transporte marítimo internacional.
***Import License***: Licenciamento de Importação.
***Inland***: Transporte realizado internamente no país.
***Inspection***: Inspeção.
***International Insurance***: Seguro internacional.
**L/C (*Letter of Credit*)**: Carta de Crédito.
***Landing***: Descarga de carga.
***Lashing***: Peação, amarração firme da carga no container, convés ou porão do navio ou aeronave, para que se mantenha segura durante a viagem.
***Loading***: Carregamento, embarque de carga.
***Manifest***: Manifesto, documento contendo uma relação de todos os Conhecimentos de Embarque, relativos às diversas cargas embarcadas no navio num determinado porto ou na aeronave num aeroporto.
***Net Weight***: Peso líquido da mercadoria.
***Notify Party***: Empresa ou pessoa que aparece no Conhecimento de Embarque para ser informada da chegada da carga.
**NVOCC (*Non Vessel Operating Common Carrier*)**: Nome dado ao agente de cargas, que por oferecer um serviço completo de transporte, equipara-se a um armador, embora não possua navios.
***Open Top Container***: Tipo de container sem teto, coberto com lona.
***Owner***: Proprietário, armador.
***Overweight Surcharge* (OWS)**: Taxa de sobrepeso, caso o peso do container com carga ultrapasse o limite estipulado pelo armador.
***Pallet***: Estrado de madeira ou plástico, paletes.
***Payload***: Capacidade útil de carga de um container.
***Perishable***: Perecível, facilmente deteriorável.
***Pick up***: Coleta.
***Power of Attorney* (POA)**: Procuração, instrumento legal autorizando alguém (ou uma empresa) a agir como procurador ou agente em nome de outrem.
***Prepaid***: Cobrança, pagamento na origem.
***Purchase***: Compra, aquisição de um produto ou o produto adquirido.
***Reefer***: Container frigorífico ou refrigerado.
***Release***: Liberação, livramento.

**RO-RO:** Tipo de navio com uma rampa na popa ou na proa, utilizado para transportar equipamentos de grande porte e veículos.

*Sample*: Amostra.

*Sealing*: Lacração, o ato ou processo de fixar um lacre num container.

*Shipper*: Embarcador, aquele que é responsável pelo embarque da mercadoria.

*Stuffing*: Estufagem, ova de carga num container.

*Surveyor*: Vistoriador, perito.

*Supplier*: Fornecedor, provedor, abastecedor.

**Tara:** Peso do casco do container vazio.

*Terminal Handling Charge* **(THC):** custo adicional, cobrado em cima do frete marítimo pela transportadora, para o manuseio de container no terminal antes de ser carregado a bordo de um navio.

*Twenty-Foot Equivalent Unit* **(TEU):** Termo usado para um container de 20 pés, pelo qual é medida a capacidade de um navio porta containers em unidades equivalentes.

*To Order*: À ordem, emitido à ordem de alguém.

*Trading Company*: Empresa que opera exclusivamente no comércio internacional, exportando/importando mercadorias ou prestando serviços de representação comercial.

*Transit Time*: Tempo que o navio leva para completar o percurso da viagem.

*Transhipment*: Transbordo.

*Truck*: Caminhão, veículo rodoviário para carga.

*Unitization*: Unitização; processo utilizado para facilitar o manuseio e transporte de carga geral, pelo qual os volumes são embalados ou fixos a dispositivos de unitização.

*Voyage*: Viagem do navio.

*Warranty*: Garantia concedida pelo exportador ou fabricante.

*Warehouse*: Armazém, depósito para a guarda de mercadorias importadas ou para exportação.

*Worldwide*: Mundial, aquilo que abrange ou refere-se ao mundo.

# Referências

**Livros**

*A Empresa Importadora*, de Mauricio Golfette de Paula. Editora FISCOSOFT, 2014.

*ABC do Comércio Exterior*, de Samir Keedi. Editora Aduaneiras, 2011.

*Importação*, de Aquiles Vieira. Editora Aduaneiras, 2015.

**Websites**

http://enciclopediaaduaneira.com.br/decex-haroldo-gueiros/
http://enciclopediaaduaneira.com.br/o-mercante-haroldo-gueiros/
http://normas.receita.fazenda.gov.br/sijut2consulta/link.action?idAto=15103&visao=anotado
http://rica.unibes.com.br/index.php/rica/article/viewFile/33/28
http://www.abimaq.org.br
http://www.bb.com.br/portalbb/page44,109,4454,12,0,1,3.bb
http://www.bb.com.br/portalbb/page44,3389,3414,0,0,1,2.bb
http://www.comexdata.com.br/principal.php?home=principal&frame=set&page=index.php?PID=1000000488
http://www.conexaocomex.com.br/como-exportar-importar/ncm-e-hs--code
http://www.neobrasiltrading.com/new-page/
http://www.portaltributario.com.br/artigos/oquee_lucropresumido.htm
https://www.sebrae.com.br/sites/PortalSebrae/artigos/entenda-o-que-e--uma-eireli,4fe2be300704e410VgnVCM1000003b74010aRCRD
http://www.sosimportacao.com.br/2013/11/o-que-e-licenca-de-importacao-li.html
https://guiatributario.net/2013/12/13/regimes-de-tributacao-no-brasil/
https://idg.receita.fazenda.gov.br/orientacao/aduaneira/manuais/despacho-de-importacao/topicos-1/despacho-de-importacao/etapas-do--despacho-aduaneiro-de-importacao/desembaraco-aduaneiro

https://idg.receita.fazenda.gov.br/orientacao/aduaneira/manuais/despacho-de-importacao/topicos-1/conceitos-e-definicoes/despacho-de--importacao
https://portogente.com.br/portopedia/73300-booking
https://pt.wikipedia.org/wiki/Desembara%C3%A7o_aduaneiro
https://pt.wikipedia.org/wiki/Fumiga%C3%A7%C3%A3o
https://www.mandae.com.br/blog/tipos-de-estoque-qual-e-o-melhor--para-a-sua-empresa/
https://www.portogente.com.br/portopedia/73285-siscomex-sistema--integrado-de-comercio-exterior.
www.bb.com.br